权威·前沿·原创

皮书系列为

“十二五”“十三五”国家重点图书出版规划项目

中国社会科学院创新工程学术出版资助项目

人口与劳动绿皮书

GREEN BOOK OF POPULATION AND LABOR

中国人口与劳动问题报告 No.19

REPORTS ON CHINA'S POPULATION AND LABOR (No.19)

中国人口与劳动经济40年：回顾与展望

主　编／张车伟

社会科学文献出版社
SOCIAL SCIENCES ACADEMIC PRESS (CHINA)

图书在版编目(CIP)数据

中国人口与劳动问题报告. No.19，中国人口与劳动经济40年：回顾与展望 / 张车伟主编. --北京：社会科学文献出版社，2018.12

（人口与劳动绿皮书）

ISBN 978-7-5201-4123-9

Ⅰ.①中… Ⅱ.①张… Ⅲ.①人口-问题-研究报告-中国 ②就业问题-研究报告-中国 Ⅳ.①C924.24 ②D669.2

中国版本图书馆CIP数据核字（2018）第292888号

人口与劳动绿皮书

中国人口与劳动问题报告 No.19

——中国人口与劳动经济40年：回顾与展望

主　　编 / 张车伟

出 版 人 / 谢寿光

项目统筹 / 陈　颖　邓泳红

责任编辑 / 陈　颖

出　　版 / 社会科学文献出版社 · 皮书出版分社（010）59367127

地址：北京市北三环中路甲29号院华龙大厦　邮编：100029

网址：www.ssap.com.cn

发　　行 / 市场营销中心（010）59367081　59367083

印　　装 / 三河市龙林印务有限公司

规　　格 / 开　本：787mm×1092mm　1/16

印　张：13　字　数：170千字

版　　次 / 2018年12月第1版　2018年12月第1次印刷

书　　号 / ISBN 978-7-5201-4123-9

定　　价 / 98.00元

皮书序列号 / PSN G-2000-012-1/1

主编简介

张车伟　现任中国社会科学院人口与劳动经济研究所所长、博士生导师，兼任中国劳动经济学会会长、中国人口学会副会长、中国社会科学院健康业发展研究中心主任、《中国人口科学》主编等。享受国务院政府特殊津贴，新世纪百千万人才工程国家级人选，国家文化名家暨“四个一批”人才，国家万人计划哲学社会科学领军人才。在《中国社会科学》、《经济研究》和 *China Economic Review* 等刊物发表论文200余篇。曾获得孙冶方经济科学奖等20余项省部级以上学术奖励。

摘　要

2018 年是改革开放 40 周年。在经济改革和对外开放的推动下，中国人口发展取得了历史性的巨大进步，完成了人口转变，人口质量和人口城镇化水平大幅度提高，人口流动高度活跃，为社会经济发展贡献了丰厚的人口红利。进入 21 世纪以来，由于“刘易斯转折点”的出现，当前劳动力增长处于停滞；劳动年龄人口加速减少和老年人口加速增长，导致人口抚养比将会持续提高；以老年人口增长为主导力量的老龄化趋势日益加剧。这些趋势性的转变不仅直接改变了人口发展面临的形势和任务，同时也给社会经济发展带来巨大而深远的影响。

2019 年是新中国成立 70 周年，也是实现全面建成小康社会目标的关键一年。就业形势稳定至关重要，就业工作应该重点关注以下几个方面问题：一是妥善应对过去几年化解产能过剩和地方债务风险过程中积累的潜在就业影响，积极做好就业转移、技能培训和社会保障相关工作；二是监测贫困人口和脱贫家庭的就业状况，继续推进就业扶贫工作，增强脱贫攻坚成效；三是关注边疆民族地区、人口净流出地区、资源枯竭地区等就业形势，防止出现局部性大规模失业；四是继续做好应届高校毕业生、退伍军人等重点群体的就业工作，同时关注退休返聘或再就业人员、农村迁移老年人再就业等新现象，落实相关就业政策。

为应对数字经济对就业市场和就业制度所带来的各项挑战，我国要做好数字经济大环境下就业服务的顶层设计，推动从工业经济的“千人一面”到数字经济下“千人千面”的转变，实现人口红利向人才红利的跨越发展。为了激发数字经济的全部潜力，政府要完善就业相关法律和社会保障制度，提高制度和政策的灵活性与普惠性；要重视数字人才培养、数字技能培训，加强数字人力资源开发；要构建全国统一的就业信息服务网络，优化就业服务体系；要努力发展新产业、新业态，充分发掘数字经济的就业创造能力。

关键词： 改革开放 40 年　人口　城镇化　收入分配　新经济　新就业

目 录

Ⅰ 总报告

G.1 中国人口发展四十年（1978～2018） …………… 李建民 / 001

一 改革开放之初的人口形势 ……………………………… / 003

二 生育率迅速转变与人口低增长 ………………………… / 005

三 人口年龄结构转变与人口红利 ………………………… / 008

四 人口健康水平全面提高 ………………………………… / 010

五 人口受教育水平大幅度提高 …………………………… / 013

六 人口城镇化和城镇人口分布 …………………………… / 015

七 人口迁移和流动 ………………………………………… / 017

八 中国人口发展面临的几个趋势性重大转折 ………… / 018

九 国际视野中的中国人口综合发展水平 ……………… / 027

Ⅱ 回顾：改革开放四十年专篇

G.2 改革开放四十年我国就业发展回顾与展望……… 程 杰 / 032

一　就业改革发展的历史轨迹与阶段性特征 …………… / 034
二　就业改革发展的主要表现 …………………………… / 041
三　面向新时代的就业发展战略 ………………………… / 049

G.3　我国工资与收入分配改革的回顾与展望
………………………………………………… 张车伟　赵　文 / 056
一　引言 ………………………………………………… / 057
二　改革开放前我国工资与收入分配变迁 …………… / 058
三　改革开放以来功能性分配的变化 ………………… / 068
四　规模性分配的变化：基尼系数真的下降了吗？…… / 071
五　对策思考 …………………………………………… / 073

G.4　中国农村工业化和城镇化发展：40年城乡劳动力转移
……………………………………………………… 向　晶 / 075
一　引言 ………………………………………………… / 076
二　从农村工业化到城镇化 …………………………… / 077
三　未来推进农村劳动力转移面临的挑战 …………… / 082
四　启示与政策建议 …………………………………… / 086

Ⅲ　展望：新时代新工作

G.5　中国新就业形态的就业质量研究：以滴滴出行平台为例
……………………………………………………… 张成刚 / 091
一　引言 ………………………………………………… / 092
二　文献综述 …………………………………………… / 093
三　数据与方法 ………………………………………… / 095

四 研究结果 …………………………………………………… / 096
五 结论 ……………………………………………………………… / 105

G.6 互联网使用是否增加了劳动者收入? ……………… 李 飚 / 107
一 引言 ……………………………………………………………… / 108
二 国内外研究综述 ………………………………………… / 109
三 模型和数据 …………………………………………………… / 112
四 实证结果 ……………………………………………………… / 116
五 互联网使用对不同收入群体的影响 ………………… / 120
六 互联网使用对不同技能劳动者的影响 ……………… / 122
七 研究结论与启示 ………………………………………… / 124

G.7 数字经济发展对就业市场和就业制度的挑战及应对
…………………………………………… 王博雅 邓力千 / 128
一 数字经济带来的就业市场变化 …………………… / 130
二 数字经济带来的就业制度挑战 …………………… / 139
三 国外应对数字经济对就业挑战的经验 ……………… / 144
四 我国应对数字经济对就业挑战的建议 ……………… / 146

G.8 我国非标准就业的发展及对劳动关系的影响…… 王永洁 / 153
一 引言 ……………………………………………………………… / 153
二 标准就业与非标准就业的界定 …………………… / 155
三 我国非标准就业的规模、分布与特征 ……………… / 158
四 非标准就业对劳动关系的影响 …………………… / 162
五 结语与建议 …………………………………………………… / 164

G.9 应对新技术革命的一个可行政策工具：全民基本收入
………………………………………………… 程　杰　张雪梅 / 168
一　UBI 产生背景与基本内涵：从现实到空想 ……… / 169
二　UBI 在国际上的试验进展：从空想到现实 ……… / 172
三　UBI 在中国的未来：一个基础优良的试验田 …… / 175

Abstract ………………………………………………………… / 181
Contents ………………………………………………………… / 183

皮书数据库阅读**使用指南**

总 报 告

General Report

G.1

中国人口发展四十年（1978~2018）

李建民*

摘　要： 回顾中国人口发展历程可以看到，中国已经进入由老年人口增长为主导的老龄化发展阶段。从1970年开始到2010年结束，这个时期65岁及以上老年人口共增加了8320万，平均每年净增208万，而15岁以下少儿人口减少了9017万，平均每年净减225万。因此，这个时期老龄化的主导力量是1970年开始的生育率转变及后来的低生育率。在此期间，老龄化水平从3.76%提高到8.40%，平均每年提高0.12个百分点。后一阶段是从

* 李建民，经济学博士，南开大学经济学院人口与发展研究所教授、博士生导师，中国人口学会副会长、国家人口和计划生育委员会专家委员会委员，主要研究方向：人口与发展、人口政策、老龄化和老年人问题、人力资本、劳动力市场等。

2011 年开始到 2040 年左右结束。从 2011 年开始，中国老年人口进入了一个快速增长时期，2010 ~2040 年老年人口将总共增加2.24 亿人，年平均增长率为3.62%，平均每年净增746 万。在此期间，1950 年代和1960 年代出生高峰队列将全部进入老年。在老年人口快速增长的同时，总人口将在2028 年左右开始负增长，这两种相反的变化趋势进一步提高了老龄化的发展速度，老龄化水平在2040 年将达到23.84%，平均每年提高0.51 个百分点。与前一个阶段相比，中期阶段老龄化速度提高了3 倍。因此，中国老龄化的动力机制已经转变为以老年人口增长为主导力量。虽然教育、医疗健康发展所取得的成就为未来的人口发展奠定了良好基础，但因人口变化的历史关联性也带来了新的问题和新的挑战。中国的社会经济发展进入了一个新时代，正确认识未来的人口发展形势，从物质基础、人力资本、技术、制度和文化等各个方面积极应对新的人口挑战，充分挖掘人口发展潜力，及时防范人口风险，促进人口均衡发展，应该是未来中国人口发展的战略出发点。

关键词： 人口发展　人口红利　生育率

改革开放40 年来，在社会经济发展推动下，中国的人口发展取得了历史性的巨大进步，完成了人口转变，人口质量和人口城镇化水平大幅度提高，人口流动高度活跃，为社会经济发展贡献了丰厚的人口红利。

一　改革开放之初的人口形势

从 1949 年新中国成立到 1978 年改革开放元年这个历史时期，中国人口发展的主要形态是作为人口转变重要内容的死亡率转变。人口转变是指一个国家或地区的人口从高死亡率、高出生率状态向低死亡率、低出生率状态转变的过程。这个过程会直接带来两个人口后果：第一个后果是人口自然增长率由低到高再到低的变化，第二个后果是人口年龄结构从年轻型向成年型再向老年型的转变。人口转变由两个转变过程构成，一个是死亡率的转变，另一个是生育率的转变。在时间顺序上，前者先于后者。

20 世纪 40 年代末，中国还是一个高出生率、高死亡率的国家，1949 年人口出生率和死亡率分别高达 36‰和 20‰。新中国成立后，人民开始安居乐业，农村合作医疗制度建立和推广，死亡率转变也随之启动，人口死亡率在短短 8 年时间内降低了 50%。虽然死亡率转变过程因 1959 ~ 1961 年发生的“粮食危机”而中断，但从 1962 年开始又回到持续下降的轨道，1970 年代末的人口死亡率已降到 7‰以下。根据联合国（United Nations，2017）的估算，中国人口出生时平均预期寿命从 1950 ~ 1955 年的 43.83 岁提高到 1975 ~ 1980 年的 67.75 岁，不仅超越了世界水平[①]，与发达国家人口出生时平均预期寿命的差距也从 20.99 年缩小到 4.26 年。

与死亡率转变相比，生育率的转变滞后了整整 20 年，并且在 1950 年代和 1960 年代都维持在高水平上[②]，1949 ~ 1969 年平均每年

---

① 1950 ~ 1955 年和 1975 ~ 1980 年的世界人口出生时平均预期寿命分别为 46.98 岁和 60.30 岁（United Nations，2017）。

② 1958 ~ 1961 年人口出生率因“粮食危机”出现了非正常下降。

人口出生率为33.89‰，育龄妇女的总和生育率基本保持在6左右。高出生率加上死亡率（尤其是婴幼儿死亡率①）的大幅下降带来了人口数量的快速增长，使总人口从1949年的5.42亿增加到1969年的8.07亿，增加第一个和第二个1亿人的时间分别只用了8年和9年。虽然生育率转变从1970年开始启动，人口出生率在1972年和1977年分别降到30‰以下和20‰以下，育龄妇女总和生育率也降到3左右，但1978年中国人口仍然增长到9.63亿。1949～1978年人口总共增加了4.21亿，增长幅度高达77.68%。从另一个角度看，到目前为止人口的总增量中有一半是在改革开放之前增加的。

1978年是中国改革开放元年，而当时所面临的人口形势非常严峻。第一，年轻而庞大的人口蓄积了巨大的人口增长势能②。事实上，虽然从1970年代中期就开始在全国推行计划生育，1980年开始实行"独生子女"政策，但在1980年代还是出现了一次出生人口高峰，出生率再次提高到20‰以上，平均每年净增人口超过1500万。第二，人口抚养比高，1975年人口抚养比③为78.2%，其中0～14岁少儿人口占全部被抚养人口的90%以上（United Nations，2017）。第三，全国超过80%的人口生活在农村，城乡分隔严重，城镇化处于停滞状态。第四，全国超过3/4的劳动力在农村，农业部门积蓄了数以亿计的剩余劳动力。第五，人口受教育水平低。全国15岁及以上人口中有1/4以上的人未上过学④，15岁及以上人口和从

① 根据联合国（United Nations，2017）的估计，中国的婴儿死亡率从1950～1955年的129‰下降到1975～1980年的55‰。

② 1975年25岁以下人口占总人口的59.2%；15～49岁育龄妇女占女性人口的45.7%，1980年提高到49.2%（United Nations，2017）。

③ 人口总抚养比指0～14岁人口和65岁及以上人口之和与15～64岁劳动年龄人口之比。

④ 1964年和1982年的文盲率分别为33.58%和22.81%，按照平均每年下降0.6个百分点计算，1978年的文盲率为25.1%。

业人员的平均受教育年限分别只有4.76年和5.68年[①]。这种人口状态既是社会经济欠发达的结果，同时也对社会经济发展带来了沉重的压力。

1978年召开的中共中央十一届三中全会开启了中国改革开放的征程，社会经济迎来了一个发展黄金期。从“文革”结束到改革开放初期出台的一系列政策当中，至少有三项政策对中国人口发展产生了直接的、深远的影响。第一项是人口控制和计划生育政策，它直接引发和加速了生育率的转变；第二项政策是农村“家庭联产承包责任制”，它不仅激活了农村的发展活力，同时也催动了农村劳动力的产业转移；第三项政策是恢复高考制度，它打开了人力资本投资和社会流动的通道，为人口素质的提高创造了必要条件。

二　生育率迅速转变与人口低增长

中国的生育率转变从1970年代初开始，而且是由国家计划生育政策直接启动。在人口快速增长对社会经济发展形成压力的情况下，国家开始高度重视人口控制。1971年国务院批转了卫生部等《关于做好计划生育工作的报告》，提出了人口控制目标；1973年国务院成立计划生育领导小组，提出“晚、稀、少”政策，鼓励晚婚晚育；1978年10月中共中央发表69号文件，提出“最好一个，最多两个”的政策；1979年1月召开贯彻69号文件的全国计划生育工作会议，只提出“最好一个”，并要求在1980年把人口自然增长率降到1%以下；1980年9月中共中央发出了《关于控制我国人口增长问题致全体共产党员、共青团员的公开

① 根据1982年第三次全国人口普查数据推算。

信》，正式提出了“独生子女政策”。随着不断收紧的计划生育政策的严格实行，生育率水平在很短时间内就出现了大幅下降，1980 年总和生育率降到 2.31，但在整个 1980 年代生育率在 2.2 ~2.85 之间波动，直到 1990 年代初再次出现显著下降，并于 1992 年降到 2.05（见图 1）。

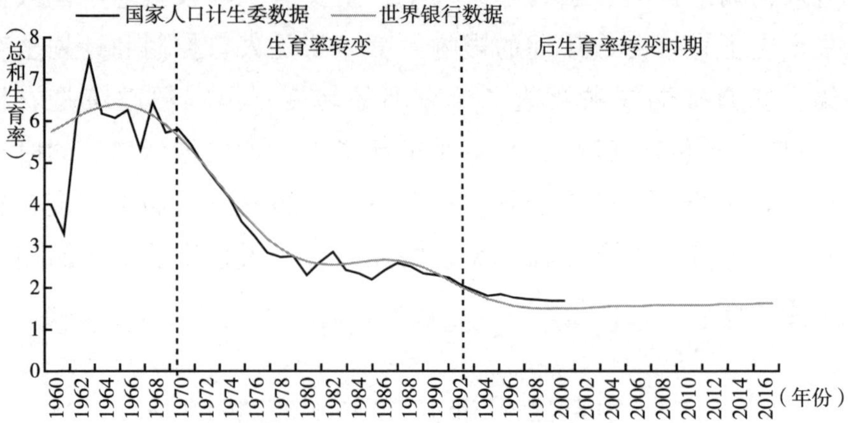

图 1　中国育龄妇女总和生育率变化趋势

资料来源：国家人口计生委发展规划与信息司、中国人口与发展研究中心：《人口和计划生育常用数据手册》，中国人口出版社，2010。

World Bank, *Health Nutrition and Population Statistics.*

需要指出的是，计划生育政策在生育率转变前期阶段发挥了关键性作用，在 1970 ~1979 年期间，总和生育率水平下降了 50% 以上，而在其后的整个 1980 年代，虽然计划生育政策的执行比 1970 年代更为严格，但是总和生育率并没有继续下降。这种情况表明两点，一是计划生育的政策效应已经大大减弱，二是生育率转变需要更为全面的社会经济发展。换言之，中国生育率转变的动力机制需要从政策推动转变为社会经济发展促进。正是在这样的时刻，邓小平发表了“南方讲话”，明确提出以解放生产力和发展市场经济为导向的改革路线图，经济和社会因之进入了一个蓬勃发展阶段。在这个背景下，生育率转变获得了新的动力，打破了1980年代的徘徊局面，出现了新一轮的下降。1992年总和生育率降到2.05，1996年进一步降到1.8以下，这标志着中国的人口转变已经完成，转变为低出生、低死亡、低自然增长的人口再生产类型。生育率转变完成后，生育率并没有停止下降的步伐，而是继续走向更低的水平。虽然关于20世纪末以来的中国生育率水平的估计存在着分歧，并且官方在2006年之后就再没有公布总和生育率的数据，但多数人口学家和一些国际机构（United Nations，2017）认为是在1.6左右，其中一些年份甚至低于1.5（郭志刚，2011；陈卫，2014；World Bank，2018），这表明中国已经进入世界很低生育率国家的行列。

生育率的迅速转变及其后出现的长期低生育率大大减缓了中国人口增长速度，人口自然增长率在1998年降到10‰以下，进入低增长状态，2009年进一步降到5‰以下（见图2）。生育率迅

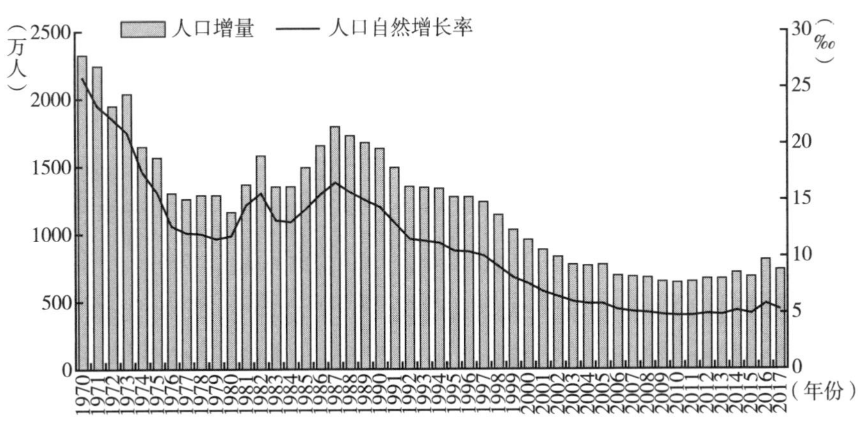

图2　1970～2017年中国人口自然增长率和人口增量

资料来源：国家统计局、国家数据库。

速转变使人口增量大幅减少，增加 1 亿人的时间大大延长（见图 3），削减了人口峰值[①]，使得人口负增长时代更早到来。

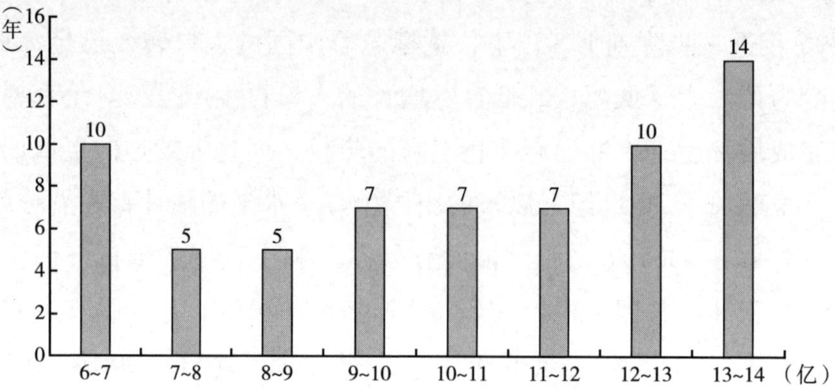

图 3　中国每增加 1 亿人所用的时间

资料来源：国家统计局、国家数据库。

注：2017 年末中国人口规模为 13. 9 亿，按照人口增量推算，将在 2019 年达到 14 亿。

三　人口年龄结构转变与人口红利

人口年龄结构是由出生率、死亡率和净迁移率决定的，对于中国而言，国际迁移的影响可以忽略不计。年龄结构有不同的表征指标，但具有更多社会经济含义的是抚养比。在生育率转变之前，由于死亡率转变，尤其是婴幼儿死亡率的下降，中国的抚养比在 1960 年代和 1970 年代曾出现了一个上升的过程（见图 4）。1980 年代抚养比开始出现大幅度下降，有两个原因导致了这个变化：一个原因是 1950 年代和 1960 年代出生高峰队列进入了劳动年龄，使得劳动年龄人口快

① 根据联合国中方案预测，中国人口将在 2029 年达到峰值 14. 4 亿人（United Nations，2017）。

速增长，其在总人口中的占比快速提高（见图5）；另一个原因是这些出生高峰队列的低生育率，使得构成人口总抚养比主要成分的少儿抚养比迅速下降。1990年代初抚养比降到50，与高抚养比时期的水平相比下降了38%。根据中国国家统计局的数据，从2005年开始，抚养比进入40以下的超低水平，2010～2012年甚至低于35。从图4和图5中可以观察到，与世界及不同收入组国家的平均水平相比，中国人口抚养比的下降速度和达到的低水平是独一无二的，劳动年龄人口比重提高的速度和达到的高水平也是独一无二的，与此同时，生育率的降低提高了女性劳动参与率，这给中国经济带来了一个潜在的增长来源，即人口红利。一些实证研究结果表明，人口红利对中国经济增长做出了实质性的贡献，1982～2000年人口红利对中国经济增长的贡献率在15%左右（王丰、梅森，2006）至25%左右（Cai and Wang，2005），在更长的一个时期里（1978～2007年），人口红利对中国经济增长的贡献率更高一些（王金营、张磊，2010）。

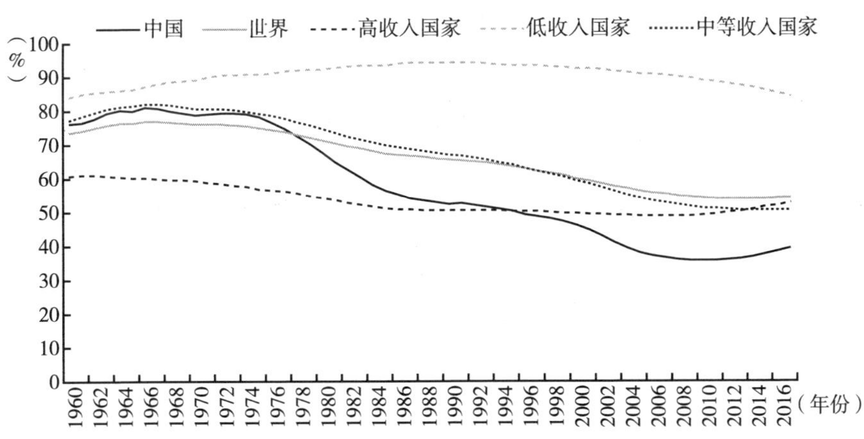

图4　1960～2016年中国和世界及不同收入组国家人口抚养比的变化趋势

资料来源：World Bank，*Health Nutrition and Population Statistics*。

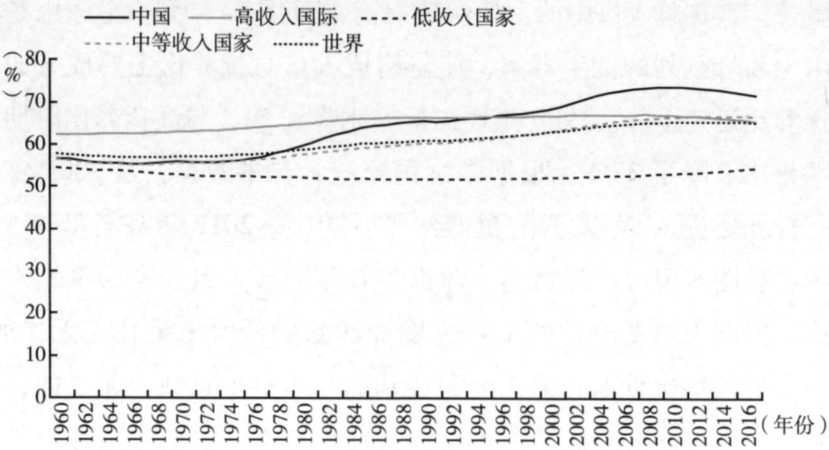

图5　中国和世界及不同收入组国家劳动年龄人口比重变化趋势

资料来源：World Bank，*Health Nutrition and Population Statistics*。

四　人口健康水平全面提高

改革开放以来，中国人口健康进入了一个全面提高时期。人口健康水平的提高主要体现在以下三个方面。

第一，婴幼儿死亡率大幅度下降（见图6），并且城乡差距显著缩小。2016 年新生儿死亡率为 4.9‰，婴儿死亡率为 7.5‰，与 1991 年的水平相比都下降了 85%。1991 ~ 2016 年间，新生儿死亡率的城乡差距从 25 个千分点缩减至 3.1 个千分点，婴儿死亡率的城乡差距从 35 个千分点缩减至 4.8 个千分点。根据世界银行的统计数据，1978 ~ 2017 年间中国 5 岁以下儿童死亡率从 69.6‰，下降到 9.3‰。图 7 显示的是 1990 年和 2017 年中国、世界、高收入国家和中等收入国家的婴儿死亡率，从中可以看到，这两个年份的中国婴儿死亡率明显低于世界水平和中等收入国家水平，而与高收入国家的差距则从1990年的30.9个千分点缩小到3.4个千分点。

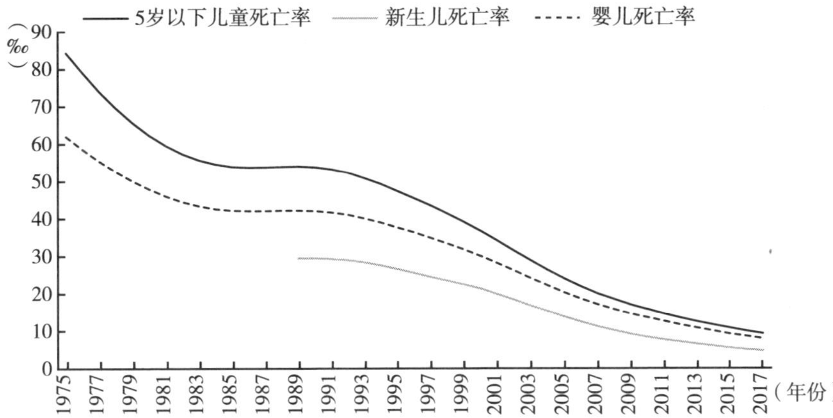

图6　中国婴幼儿死亡率下降趋势

资料来源：World Bank，*Health Nutrition and Population Statistics*。

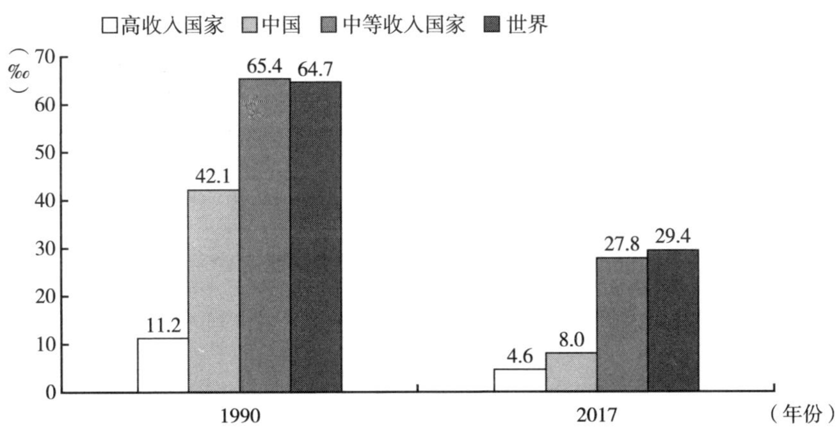

图7　1990年和2017年中国和世界及不同收入组国家婴儿死亡率

资料来源：World Bank，*Health Nutrition and Population Statistics*。

第二，人口平均预期寿命快速提高。平均预期寿命是衡量一个国家或地区人口生存水平的综合指标，可以反映出社会的经济发展水平及医疗卫生服务水平。在社会经济发展和医疗卫生技术进步的条件下，中国人口的平均预期寿命不断提高（见图8）。1981~2015年出生时平均预期寿命提高了8.57岁，2015年人口出生时平均预期寿命达到76.34岁，其中男性为73.64岁，女性为79.43岁。世界银行的长期数据更为全面地呈现了中国人口平均预期寿命所获得的快速进步（见图9），在1967年之前，中国人口出生时平均预期寿命低于世界平均水平和中等收入国家平均水平，1967年追上了中等收入国家，1970年超过了世界平均水平，1995年达到70岁，并且与高收入国家平均水平的差距不断缩小，从1965年相差20岁缩减至2016年的4.1岁。

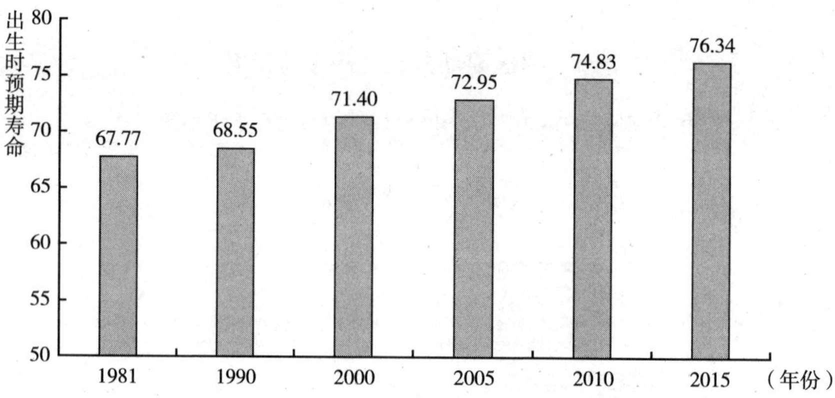

图8　中国人口出生时平均预期寿命

资料来源：国家统计局、国家数据库。

第三，人口平均健康预期寿命不断延长。与平均预期寿命不同，平均健康预期寿命衡量的是人口的平均健康生存时间，即在完全健康状态下生存的平均年数。根据世界卫生组织（WHO）最新公布的数据，2016年中国人口出生时平均健康预期寿命为68.7岁，比世界平均水平高出15.7岁，60岁时的平均健康预期寿命为15.8岁，比世界平均水平高出4.5岁。结合平均预期寿命来看，2016年中国人口

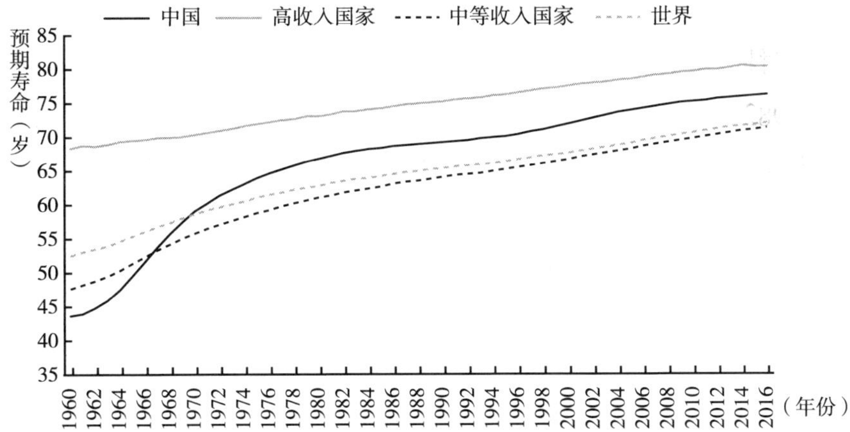

图9　1960～2016年中国和世界及不同收入组国家人口出生时平均预期寿命的变化

资料来源：World Bank，*Health Nutrition and Population Statistics*。

出生时的平均健康寿命占整个平均预期寿命的90%，在60岁时平均预期寿命中，健康寿命占80%。

五　人口受教育水平大幅度提高

1977年恢复高考制度后，中国的教育事业快速发展，人力资本投资的社会需求不断高涨。第一，学龄儿童净入学率长期保持在99%左右，过去几年中达到99.9%。第二，中等教育基本普及，2016年小学升学率为100%，初中升学率达到93.7%，比1990年的水平提高了1.3倍。根据联合国教科文组织（UNESCO）的数据，2010年中国学龄儿童的平均预期受教育年限为12年，即平均可以达到高中毕业的水平。第三，高等教育实现了大众化。2016年高中升学率达到94.5%，与1990年的水平相比提高了2.5倍。1977年是恢复高考的第一年，全国普通高等学校总共招收了27.3万大学生，之后的招生人数不断增加，1998 年突破 100 万人，并在 1999 年进入迅速增长时期，2005 年突破 500 万人，2016 年达到 748.6 万人（见图 10）。1982 ~ 2016 年全国累计大学生毕业人数达到 8490 万。第四，高级人才培养规模不断扩大。1980 年全国研究生毕业人数只有 476 人，2016 年已达到 56.4 万人，1980 ~ 2016 年间全国累计研究生毕业人数 594.1 万，其中 58.3% 是 2010 年以后毕业的。2016 年研究生毕业人数达到 56.4 万人，比 2000 年以前毕业生的总和还要多。另一个非常值得注意的现象是自 2012 年以来，大学生中女生占比超过男生，2017 年达到 52.4%（UNESCO），更多的女孩能够接受高等教育不仅是社会进步的结果，也是推动社会进步的力量，同时也会给中国的人口发展带来深远的影响。

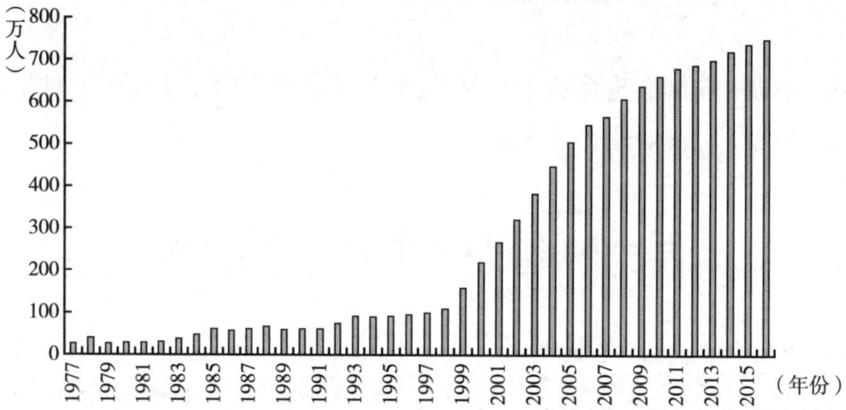

图 10　1977 ~ 2016 年中国普通高校招生人数增长情况

资料来源：国家统计局、国家数据库。

教育事业的迅速发展使劳动力素质得到显著提高。中央财经大学中国人力资本与劳动经济研究中心发布的《中国人力资本报告（2016）》指出，1985 ~ 2014 年间全国劳动力人口的平均受教育年限从 6.38 年上升到 10.05 年。2018 年 3 月 5 日李克强总理在第十三届全国人民代表大会第一次会议上做政府工作报告时指出，劳动年龄人口平均受教育年限提高到 10.5 年。按照 1982 ~ 2016 年普通高校累计毕业生人数估算，2017 年普通高等学校毕业生在全国劳动力中占比达到 10.5%，在 35 岁及以下的青年劳动力中普通高等学校毕业生占比超过了 20%。

人口受教育水平的提高为中国经济提供了大量的人力资本，成为经济增长的一个重要源泉。一些实证研究结果显示，在不同时间跨度的考察期内，人力资本积累对经济增长的贡献份额在 17% 左右（杨建芳等，2006）至 24% 左右（蔡昉、王德文，1999）。一些研究还发现，从长期来看，人力资本积累对经济增长的边际影响要比物质资本积累更大（杨建芳等，2006；孙敬水、董亚娟，2007）。更为重要的是，劳动力素质的提高，尤其是年轻一代劳动力素质的提高，为我国新时期经济增长方式的转变、技术创新和全要素生产率提高创造了必要的条件。

六　人口城镇化和城镇人口分布

中国人口城镇化是从非常低的水平上起步的，根据世界银行公布的数据，1977 年中国人口城镇化水平只有 17.52%，甚至比世界上低收入国家的平均水平还低 2 个百分点。改革开放开启了人口城镇化进程，在 1982 年超过了低收入国家水平，但由于户籍制度的限制和城市对人口迁入和流入的控制，1980 年代的城镇化速度非常缓慢，1977 ~ 1989 年平均每年仅提高了 0.68 个百分点。1990 年代在市场经济发展的推动下，人口从乡村向城市的流动开始活跃，城镇化的速度也有所提升，1990 ~ 1999 年平均每年提高了 0.92 个百分点，2000 年的城镇人口比例达到 35.88%，但仍比世界平均水平低 11 个百分点。2000 年以后，城镇化进入了快速发展阶段，

2000～2017年间的城镇化水平平均每年以1.3个百分点的速度提高，2006年超过了中等收入国家平均水平（46.29%），2011年超过了50%，2014年超过了世界平均水平（53.46%），2017年城镇人口规模超过8.1亿，占比达到58.5%，中国已经发展成为以城镇人口为主体的国家。

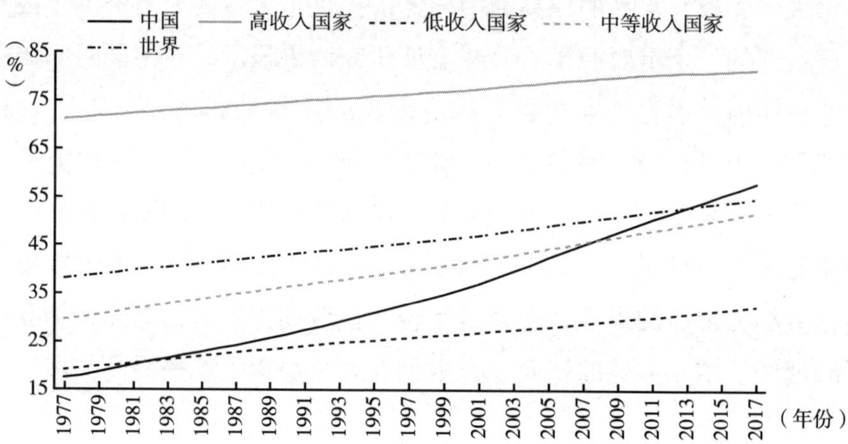

图11　1977～2017年中国和世界及不同收入组国家人口城镇化发展趋势

资料来源：World Bank，*Health Nutrition and Population Statistics*。

城镇化的发展不仅改变了中国人口的城乡分布，同时也改变了城镇人口的分布格局，出现了城镇人口向都市带和大城市聚集的趋势。2010年第六次全国人口普查结果显示，人口规模500万以上的21个特大城市总共聚集了全国27.8%的城镇人口，其中6个人口规模超过1000万的特大城市（上海、北京、重庆、广州、深圳、天津）聚集了全国12.6%的城镇人口。人口规模100万～500万的大城市的人口占比为28.6%，而人口规模100万以下的中小城市人口占比仅为18.9%。在全国城镇人口中，城市人口占75%，镇人口占25%。

七　人口迁移和流动

人口城镇化的根本动力源自工业化和现代化，而直接原因有三个：一是乡村人口向城镇的迁移和流动，二是乡村转变为城镇，三是城市地域的扩展，中国的人口城镇化也是这三个因素综合作用的结果，其中农村人口向城镇的流动发挥了极其重要的作用。在改革开放之前，由于经济发展落后和城乡隔离，农村积存了大量的剩余劳动力，但缺乏机会进行产业转移和向城镇地区流动。改革开放后，为了促进农村经济发展和剩余劳动力转移，1984 年 10 月 13 日国务院发布了《关于农民进入集镇落户问题的通知》，提出积极支持有经营能力和技术专长的农民进入集镇经营工商业，并发给“自理口粮户口本”，统计为非农业人口。这个文件打破城乡长期分隔的坚冰，人口流动开始活跃起来，尤其是 1992 年以后的经济体制改革和沿海地区经济的高速发展，对农村劳动力形成强大的吸引力，流动人口的规模不断扩大（见图 12）。全国流动人口从 1982 年的 670 万增加到 1990 年的 2135 万和 2000 年的 1.02 亿。进入 21 世纪后，随着社会经济发展和相关制度的改革，在中国大地上出现了历史上规模最大的人口流动大军，2010 年达到 2.21 亿人，2014 年达到最高峰 2.53 亿人。在这些流动人口中，80% 以上是劳动年龄人口，80% 以上是从农村流入城市，跨省流动占比最高年份 2010 年达到 48%，目前仍保持在 40% 左右的水平，其中东部沿海城市的流入人口中的 80% 是跨省流动（国家卫生和计划生育委员会流动人口司，2017），经济发展最为活跃的“长三角”地区和“珠三角”地区聚集了全国三成以上的流动人口（王桂新、潘泽瀚，2013）。这种人口流动格局对人口城镇化发展、城镇人口分布，以及城乡人口年龄结构都产生了重要影响。

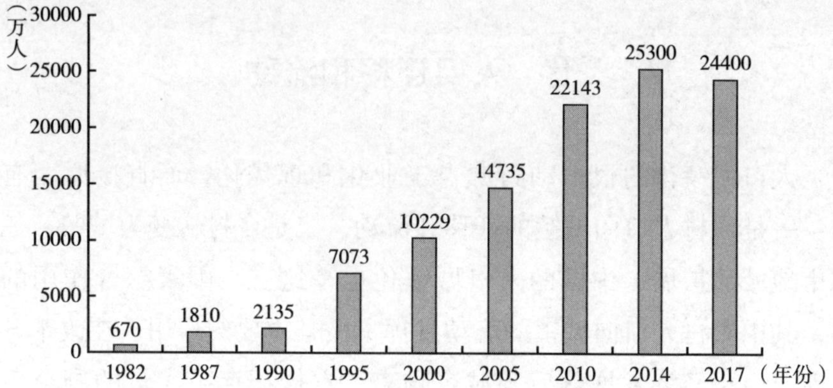

图 12　中国流动人口增长趋势

资料来源：段成荣等（2008）；国家统计局（2014、2017）。

人口流动至少从四个方面对中国经济的高速发展做出了积极贡献，一是数以亿计的农村剩余劳动力实现了产业转移，提高了劳动力的配置效率，促进了产业结构的转变；二是为劳动密集型产业提供了源源不断的劳动力供给，增强了中国经济的比较优势，在中国经济发展的关键时期发挥了重要作用；三是提高了城市经济的聚集效应和规模效应；四是积极满足城市服务市场需求，提高了城市经济活动人口的生产效率。

八　中国人口发展面临的几个趋势性重大转折

进入 21 世纪以来，中国人口已经出现了几个重大转折，在未来一个时期内还将出现新的转折性变化。这些趋势性的转变不仅直接改变了人口发展面临的形势和任务，同时也给社会经济发展带来巨大而深远的影响。

（一）劳动力变化趋势的转折

在过去的一个时期里，中国经历了劳动力的快速增长，劳动力的无限供给曾经是中国经济高速发展的重要条件，也曾经是中国经济比较优势的重要基础。进入21世纪后，劳动力供给发生了重大变化。首先是“刘易斯转折点”的出现：2003年出现的“民工荒”标志着中国劳动力无限供给时代的结束（蔡昉，2008），都阳和王美艳（2010）利用2005年1%人口抽样调查数据，并在考虑农村劳动力结构和个体特征的情况下对农村剩余劳动力数量进行了估计，他们的研究结果显示，在现有的劳动力市场状况和制度环境下，农业中可供转移的劳动力只剩下4300多万。根据国家统计局公布的数据，2010～2017年间农民工数量增加了3900万，其中外出农民工数量仅增加了1850万。“民工荒”在东部沿海地区蔓延之后，其他地区劳动力市场也出现了农民工供不应求的现象，农民工的工资水平逐年上涨，这些证据都表明中国经济到达了“刘易斯转折点”（蔡昉、都阳，2011）。其次是劳动年龄人口数量开始减少：2013年劳动年龄人口（16～64岁）比前一年减少了160万，这标志着中国潜在劳动力资源缩减时代的到来。到2017年，劳动年龄人口总共减少了578万，随着1950年代出生高峰队列陆续超出劳动年龄，劳动年龄人口将会加速减少。联合国（United Nations，2017）中方案预测结果显示，中国的劳动年龄人口在未来很长一个时期内将持续地加速减少，到2050年将减少2亿人（见图13）。最后是劳动力数量即将转为负增长。目前，劳动力的增长几乎处于停滞状态，2016年经济活动人口仅比2015年增加了0.75%，2017年就业人员仅比2016年增加了0.04%。由于中国目前执行的退休年龄是60岁，这就意味着1950年代出生高峰队列将在2020年之前全部退休，因此，劳动力很可能在2018年或2019年出现负增长。世界银行的估计数据则显示中国的劳动力规模在2015年就已经开始减少。劳动力转为负增长对于中国经济而言是一个重大的变数，不仅给劳动力市场供求关系带来结构性转变，同时也对各种相关制度的改革提出了迫切要求。

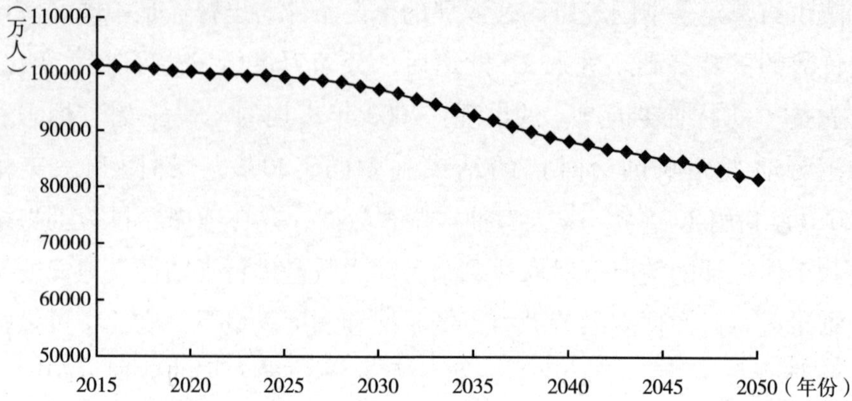

图 13　2015～2050 年中国劳动年龄（15～64 岁）人口减少趋势

资料来源：United Nations（2017）。

（二）人口抚养比变化趋势的转折

人口抚养比变化的转折点出现于 2011 年，抚养比从前一年的 34.2 提高到 34.4，从而终结了持续了 30 多年的下降过程。导致这个转折性变化的直接原因有两个。一个原因是劳动年龄人口增长缓慢，2005～2011 年总共增长了 6.5%，2011 年和 2012 年仅仅增长了 0.35% 和 0.1%。15～64 岁劳动年龄人口占总人口的比重的转折发生在 2012 年，虽然比 2011 年峰值（74.4%）仅仅降低了 0.3 个百分点，但这个转折的意义重大。2016 年劳动年龄人口占比降到 73.0%，使得这个下降趋势得到确认。另一个原因是老年人口出现了较快的增长，2005～2011 年增长了 21.8%，年均增长率为 3.28%，远远超过劳动年龄人口增长速度。2011 年以后老年人口增长率进一步提高，2011～2017 年平均增长率达到 4.26%，而劳动年龄人口自 2013 年起转为负增长，这使得人口抚养比在 2017 年提高到 37。从未来发展趋势看，由于劳动年龄人口加速减少和老年人口加速增长，人口抚养比将会持续提高（见图 14）。此外，政策调整后的生育率回升会在一定程度上提高少儿抚养比，因此人口抚养比提高的幅度将会进一步加大。根据联合国中方案预测结果，未来的40年里，少儿抚养比基本上是在22～25之间窄幅波动，而老年抚养比在2060年之前一直保持上升状态，并在2028年左右超过少儿抚养比，成为决定总抚养比变化趋势的主导因素。

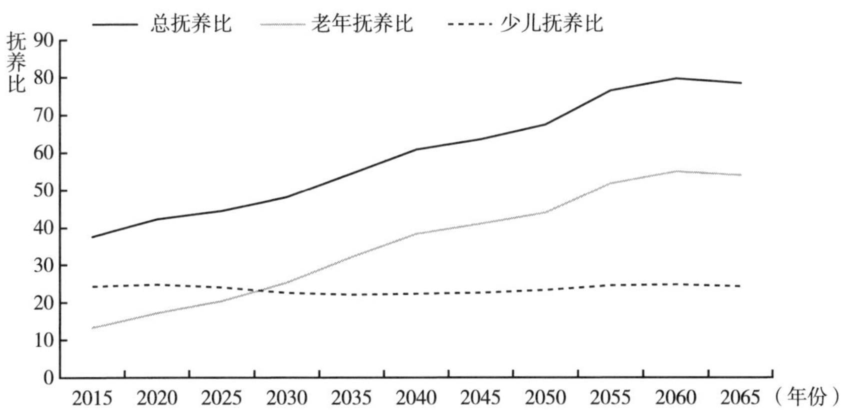

图14　2015～2065年中国人口抚养比变化趋势

资料来源：United Nations（2017）。

在其他条件一定的情况下，人口抚养比提高意味着人口生产性的下降，边际人口红利为负。特别需要注意的是，人口抚养比提高有两种情况，其一是由少儿抚养比主导的总抚养比提高，其二是由老年抚养比主导的人口总抚养比提高。或者说，同样水平的抚养比，但内部结构不同，一种结构是以负担少儿人口为主，另一种结构是以负担老年人为主。例如，2032年中国人口抚养比将回升到51左右，与1994年的水平相当，但是1994年的抚养比结构中，少儿抚养比占到83.4%，而2032年的抚养比结构中，老年抚养比占到56%。这两种情况的社会经济含义有很大差别，前者是对未来生产力的投资，后者则是纯粹的消费，对于公共支出而言，这两种负担的意义也完全不同。中国未来抚养比将会在水平和结构两个维度上发生变化，在水平维度上将会出现长达40年左右的上升趋势，在结构维度上将发生从以少儿抚养比为主的结构转变为以老年抚养比为主的结构。这两个维度的变化都会削弱人口的生产性。

（三）生育政策的转向和生育率的回升

如同许多处于后生育率转变阶段的国家，中国在完成了转变之后也很快走向了很低水平的生育率。长期的低生育率会导致高度的老龄化和人口衰退，从而给社会经济带来多重挑战，因此世界上几乎所有处于很低和极低生育水平的国家都采取了支持和鼓励生育的政策。对于生育率转变非常迅速的中国而言，如果低生育率不能很快得到扭转，将会面临比其他国家更为严峻的局面。2013 年 11 月，《中共中央关于全面深化改革若干重大问题的决定》提出“启动实施一方是独生子女的夫妇可生育两个孩子的政策”，2015 年 10 月中共中央决定“全面实施一对夫妇可以生育两个孩子政策”。政策实施后，虽然生育率提高的幅度不尽如人意，但也已经显现出生育率对新生育政策的积极反应。国家统计局根据全国人口变动抽样调查数据的推算分析表明，2016 年二孩出生数量大幅上升，明显高于“十二五”时期平均水平，2017 年二孩数量进一步上升至 883 万人，比 2016 年增加了 162 万人；二孩占全部出生人口的比重达到 51.2%，比 2016 年提高了 11 个百分点。在全部出生婴儿中，二孩的比例明显提高，并且超过了 50%。根据世界银行估计，中国的总和生育率从 1996 年开始一直低于1.6，直到2013 年回升到1.6，2016 年为1.62。如果这个趋势能够得到延续，那么中国的生育率就可以回升到一个相对安全的水平。

（四）老龄化动力机制的转换

老龄化进程并非只由一种力量推动，因为老龄化是以老年人口占总人口比重来衡量的，老龄化是老年人口与其他年龄人口相对变化的结果。因此，有三种力量会推动老龄化，第一个力量是生育率下降导致出生人口减少，此时即使老年人口增长缓慢甚至没有增长，老年人口比重也会提高；第二个力量是老年人口的增长；第三个力量是长寿，即老年人存活的年龄更高。由人口变化的内在机理和历史逻辑所决定，一个人口群体的老龄化过程是分别由不同的力量递次推进的，或者说，在老龄化发展的不同阶段，推动老龄化的主导力量并不相同。据此，可以把老龄化过程划分为前期阶段、中期阶段和后期阶段。在老龄化的前期阶段，推动老龄化的主导力量是生育率的下降，中期阶段的主导力量是老年人口的增长，后期阶段的主导力量是长寿。

对于中国而言，老龄化的前期阶段是从 1970 年开始到 2010 年结束①，这个时期 65 岁及以上老年人口总共增加了 8320 万，平均每年净增 208 万，而 15 岁以下少儿人口减少了 9017 万，平均每年净减 225 万。因此，这个时期老龄化的主导力量是 1970 年开始的生育率转变及后来的低生育率。在此期间，老龄化水平从 3.76% 提高到 8.40%，平均每年提高 0.12 个百分点。老龄化的中期阶段是从 2011 年开始到 2040 年左右结束，从 2011 年开始，中国老年人口进入了一个快速增长时期，2010～2040 年老年人口将总共增加 2.24 亿人，年平均增长率为 3.62%，平均每年净增 746 万。在此期间，1950 年代和 1960 年代出生高峰队列将全部进入老年。在老年人口快速增长的

① 这里的阶段划分年份并非精确时间的表达，而是大致的估计。即使如此，也有一些依据：第一，中国的生育率转变从 1970 年开始，而老龄化也是在这一年起步。第二，从 2010 年开始，抗日战争结束后出生的人开始进入老年，紧跟其后是 1950 年代出生高峰队列陆续进入老年。

同时，总人口将在2028年左右开始出现负增长，这两种相反的变化趋势进一步提高了老龄化的发展速度，老龄化水平在2040年将达到23.84%，平均每年提高0.51个百分点。与前一个阶段相比，中期阶段老龄化速度提高了3倍。因此，中国老龄化的动力机制已经转变为以老年人口增长为主导力量。

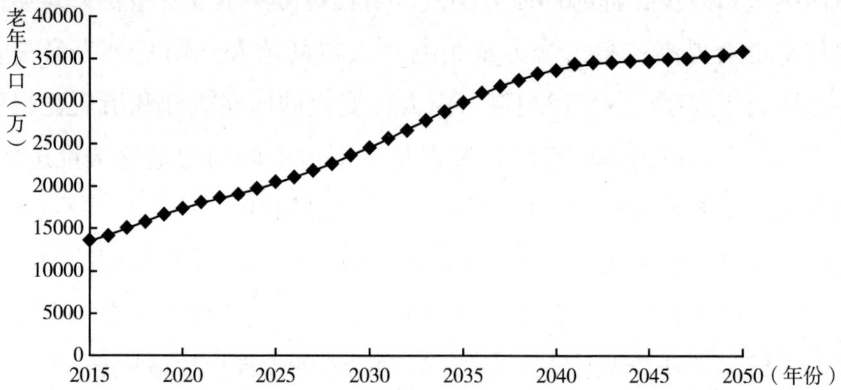

图15　联合国中方案预测的中国65岁及以上老年人口增长趋势

资料来源：United Nations（2017）。

到2040年左右，中国将进入老龄化的后期阶段，即以长寿为主导力量的老龄化阶段，这个阶段也可称为高龄化阶段。到目前为止，学术界对于高龄化或者高龄社会的标准还没有一个明确的定义，或者被普遍接受的定义。考虑到这个情况，可以基于历史观察归纳出可用于判断的标准。我们选择了两个参照系，一个是高收入国家平均水平，另一个是目前世界上最长寿的国家日本。之所以选择这两个参照系，是因为其老龄化进程远远走在了其他国家和地区的前面，并可以呈现一个完整的老龄化过程。选取的参照指标包括四个：（1）出生时平均预期寿命达到80岁；（2）60岁时平均预期寿命达到25岁；（3）80岁及以上老年人口在总人口中占比达到5%；（4）80岁及以上老年人在65岁及以上老年人口中占比达到25%。日本是在2006年

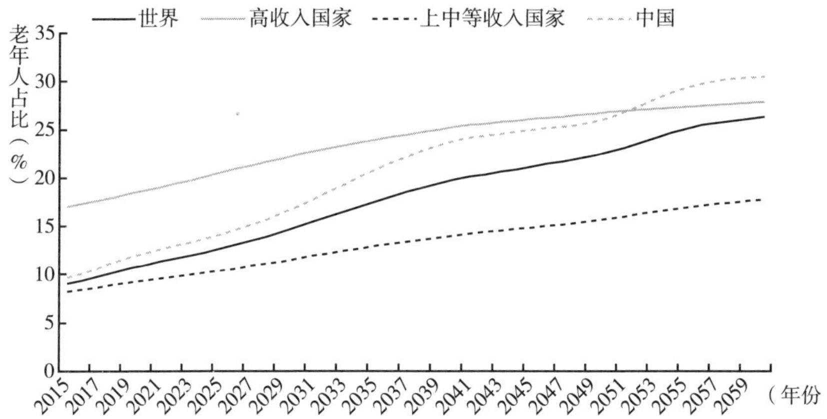

图 16　联合国中方案预测的中国和世界及不同收入组国家老龄化趋势

资料来源：United Nations（2017）。

同时满足了上述条件；而高收入国家在 2005 年满足了指标（3）的条件，在 2019 年满足指标（4）的条件，并分别在 2012 年和 2024 年满足指标（1）的条件和指标（2）的条件。如果稍微放松指标（2）的条件[①]，高收入国家整体上应该是在 2019 年进入高龄社会。日本和高收入国家的情况表明，上述 4 项指标水平之间具有高度的协同性和一致性，因此可以作为高龄化或高龄社会的标准。按照这个标准，中国将在 2040～2045 年间进入高龄社会，根据联合国中方案预测，2040～2045 年中国人口出生时平均预期寿命为 80. 34 岁，60 岁时的平均预期寿命为 22. 87 岁；80 岁及以上老年人在总人口中占比于 2041 年达到 5. 15%，在 65 岁及以上老年人口中的占比于 2045 年达到 24. 9%。

① 高收入国家 2015～2020 年 60 岁时平均预期寿命为 24. 5 岁。

（五）城镇化已进入中后期发展阶段

按照国际经验，人口城镇化进程可以划分为三个发展阶段，在达到50%之前是前期阶段，从50%到70%是中期阶段，从70%到80%是后期阶段。城镇化水平达到80%即标志着城镇化的完成。根据联合国（United Nations，2018）的估计，2015年发达国家人口城镇化的平均水平为78.1%，高收入国家的平均水平为80.9%。一些国家在达到这个水平后还会进一步提高，例如2015年比利时达到97.9%，日本达到91.4%，丹麦达到87.5%，瑞典达到86.6%。还有一些人口规模很小或地理条件特殊的国家和地区超过90%甚至达到100%。此外，拉美的乌拉圭（95.5%）、阿根廷（91.5%）、委内瑞拉（88.2%）、智利（87.4%）、巴西（85.8%）等国的城镇化水平也非常高，但这些国家存在着人口过度城镇化问题。

中国的人口城镇化进程自1978年启动，从2000年开始加速，到2017年总共提高了40个百分点。按照2000～2017年的发展速度，2018年的人口城镇化水平可以达到60%。这标志着中国的人口城镇化进程目前已进入中期发展阶段的后半期，根据联合国的预测（United Nations，2018），中期发展阶段将在2030年结束，届时的人口城镇化水平为70%；从2031年开始进入后期发展阶段，在2050年达到80%，这意味着中国人口城镇化进程还需要30年左右才能结束。

（六）人口负增长时代即将到来

对于中国的人口而言，21世纪上半叶发生的最大的人口事件莫过于人口负增长时代的到来（见图17）。根据联合国中方案[①]预测，

---

① 总和生育率设定为2015～2020年1.63，2020～2025年1.66，2025～2030年1.69，2030～2035年1.71，2035～2040年1.72，2040～2045年1.74，2045～2050年1.75，2050～2055年1.76，2055～2060年1.77，2060～2065年1.77。

中国人口将在 2029 年达到峰值 14.42 亿，从 2030 年开始进入持续的负增长，2050 年减少到 13.64 亿，2065 年减少到 12.48 亿，即缩减到 1996 年的规模。如果总和生育率一直保持在 1.6 的水平，人口负增长将提前到 2027 年出现，2065 年人口减少到 11.72 亿，相当于 1990 年的规模。

长期持续的人口负增长究竟会造成怎样的社会经济后果？到目前为止，世界上还没有一个国家出现长期的人口负增长，因此尚无经验和教训可鉴。但从理论逻辑上看，长期的人口衰退，尤其是伴随着不断加剧的老龄化，势必会带来非常不利的社会经济后果。中国的人口负增长已经势不可当，从现在开始亟须开展研究和进行政策储备。

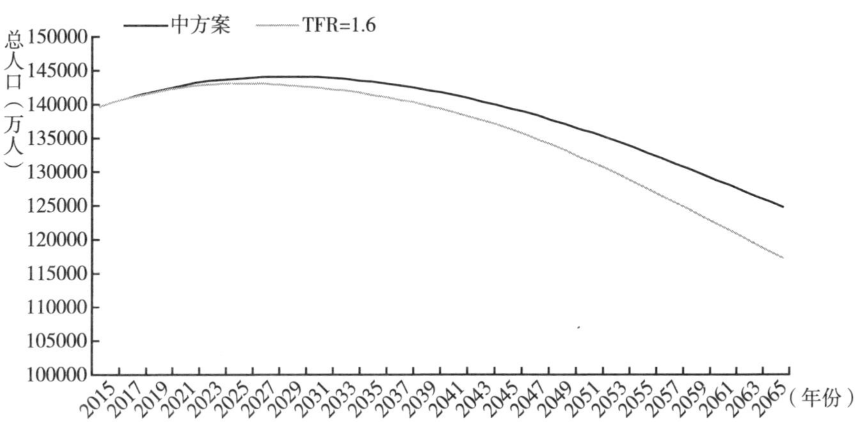

图 17　联合国预测的中国人口规模变化趋势

资料来源：United Nations（2017）。

九　国际视野中的中国人口综合发展水平

在过去的 40 年里，中国人口发展取得了巨大进步，全面超越了上中等收入国家的整体水平，与高收入国家的差距大幅度缩小。有两个综合指标可以从国际视野反映中国人口综合发展的水平，一个指标是联合国开发计划署编制的人类发展指数（HDI），另一个是世界银行编制的人力资本指数（HCI）。联合国开发计划署（UNDP，2018）最新发布的人类发展指数，2017 年中国的人类发展指数为 0.752，在世界排名 86 位，比 2012 年的位次上升 7 位，处于第二发展阶梯（高人类发展水平）。人类发展指数反映的是一个国家当下的人类发展水平，而世界银行的人力资本指数衡量的是一个国家新生一代人的健康和教育水平，即一个新生儿成长到 18 岁时所能获得的人力资本，可以反映一个国家未来的发展潜力①。世界银行（World Bank，2018）最新发布的人力资本指数显示，2017 年中国的人力资本指数为 0.67，在 157 个国家和地区中排在第 46 位，高于上中等收入国家的整体水平。但是，我们应该看到中国目前对新生一代进行人力资本投资还有很大拓展空间，与人力资本水平高的国家和地区相比还有明显的差距，发达国家的人力资本指数基本上都在 0.75 以上，其中一些国家和地区的水平更高，例如新加坡（0.88）、日本（0.84）、中国香港（0.82）、芬兰（0.81）、加拿大（0.80）。与人力资本指数水平高的国家和地区相比，中国的短板是教育质量，该项指标得分为 456，远远低于日本（563）、韩国（653）、中国香港（562）。虽然中国的平均预期受教育年限达到 13.2 年，但考虑教育质量后，受教育年限缩短到 9.7 年。如果这种状况不能及时得到有效改善，不仅会使中国未来的发展潜力受损，同时也会削弱未来的国际竞争力。

中国人口发展所取得的成就为未来的人口发展奠定了良好的基础，但因人口变化的历史关联性也带来了新的问题和新的挑战。中国

① 人力资本指数由五个指标构成，包括受教育年限、教育质量、0~5 岁生存概率、5 岁以下儿童发育迟缓率、成人存活概率（15~60 岁）。指数水平在 0 和 1 之间，数值 1 表示一个国家新生一代的每一个人都拥有健康的体魄和良好的教育，数值 0.5 则意味着一个国家未来将会损失一半生产潜力。

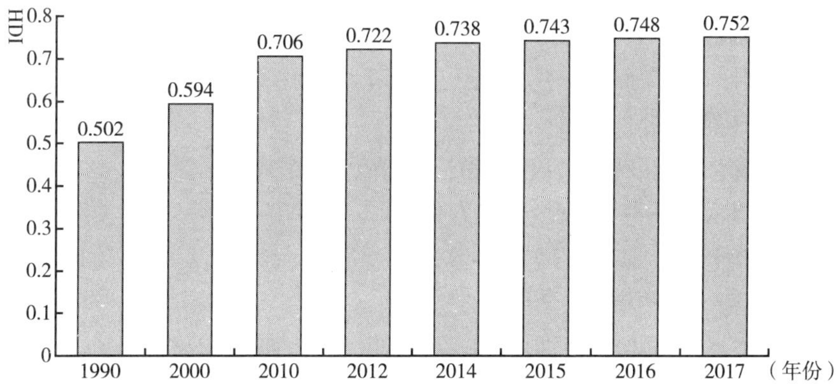

图 18　中国人类发展水平变化趋势

资料来源：UNDP（2018）。

的社会经济发展进入了一个新时代，人口发展的环境与过去 40 相比也发生了巨大的变化。正确认识未来的人口发展形势，从物质基础、人力资本、技术、制度和文化等各个方面积极应对新的人口挑战，充分挖掘人口发展潜力，及时防范人口风险，促进人口均衡发展，应该是未来中国人口发展的战略出发点。

参考文献

蔡昉：《中国经济面临的转折及其对发展和改革的挑战》，《中国社会科学》2007 年第 3 期。

蔡昉：《劳动力无限供给时代的结束》，《金融经济》2008 年第 2 期。

蔡昉：《人口转变、人口红利与刘易斯转折点》，《经济研究》2010 年第 4 期。

蔡昉、都阳：《工资增长、工资趋同与刘易斯转折点》，《经济学动态》2011 年第 9 期。

陈卫：《2000 年以来中国生育水平评估》，《学海》2014 年第 1 期。

都阳、王美艳：《农村剩余劳动力的新估计及其含义》，《广州大学学报（社会科学版）》2010 年第 4 期。

郭志刚：《六普结果表明以往人口估计和预测严重失误》，《中国人口科学》2011 年第 6 期。

段成荣、杨舸、张斐、卢雪和：《改革开放以来我国流动人口变动的九大趋势》，《人口研究》2008 年第 6 期。

国家卫生和计划生育委员会流动人口司：《中国人口流动发展报告 2017》，中国人口出版社，2017。

国家统计局：2015，《2014 年中华人民共和国国民经济和社会发展统计公报》，http：//www. stats. gov. cn/tjsj/tjgb/ndtjgb/。

国家统计局：2018，《2017 年中华人民共和国国民经济和社会发展统计公报》，http：//www. stats. gov. cn/tjsj/tjgb/ndtjgb/。

孙敬水、董亚娟：《人力资本、物质资本与经济增长——基于中国数据的经验研究》，《山西财经大学学报》2007 年第 4 期。

王德文、蔡昉、张学辉：《人口转变的储蓄效应和增长效应——论中国增长可持续性的人口因素》，《人口研究》2004 年第 5 期。

王丰、安德鲁·梅森：《中国经济转型过程中的人口因素》，《中国人口科学》2006 年第 3 期。

王金营、杨磊：《中国人口转变、人口红利与经济增长的实证》，《人口学刊》2010 年第 5 期。

王桂新、潘泽瀚：《我国流动人口的空间分布及其影响因素——基于第六次人口普查的分析》，《现代城市研究》2013 年第 3 期。

杨建芳、龚六堂、张庆华：《人力资本形成及其对经济增长的影响——一个包含教育和健康投入的内生增长模型及其检验》，《管理世界》2006 年第 5 期。

中央财经大学中国人力资本与劳动经济研究中心：《中国人力资本报告（2016）》，中央财经大学出版社，2016。

Fang Cai and Dewen Wang. 2005. China's Demographic Transition：Implications for Growth. in Garnaut and Song （eds） The China Boom and Its Discontents，Canberra：Asia Pacific Press.

UNDP. 2018. Human Development Indices and Indicators：2018 Statistical

Update. http：//hdr. undp. org/sites/default/files/2018_ human_ development_ statistical_ update. pdf.

World Bank. 2018. Human Capital Index and Components 2018 http：//www. worldbank. org/en/publication/human-capital.

主要资料来源

国家统计局：《国家数据》，http：//data. stats. gov. cn/easyquery. htm? cn = C01。

United Nations, 2018. World Population Prospects 2017. https：//population. un. org/wpp/.

United Nations, 2018. World Urbanization Prospects 2018. https：//population. un. org/wup/.

UNESCO. UIS. http：//uis. unesco. org/.

World Bank. Health Nutrition and Population Statistics. http：//databank. worldbank. org/data/source/health-nutrition-and-population-statistics.

WHO. Global Health Observatory（GHO）data. http：//www. who. int/gho/en/.

回顾：改革开放四十年专篇

Review：40 Years of Reform and Opening-up

G.2 改革开放四十年我国就业发展回顾与展望

程 杰*

摘 要： 中国是一个多重转型重叠的经济体，经济结构、产业结构与劳动力市场结构均以前所未有的速度加快转变，劳动力市场面临分化的潜在风险，新时代中国就业发展仍将面临诸多复杂形势。新时代推进就业优先战略需要关注以下几个方面：第一，继续坚持就业优先的重大战略，不断丰富更加积极的就业政策，建立与宏

* 程杰，管理学博士，中国社会科学院人口与劳动经济研究所，副研究员，硕士生导师，主要研究方向：就业、收入分配、社会保障、劳动力市场等。

观经济政策协同、与现代经济体系建设适应的就业政策体系，保持就业形势持续稳定。第二，继续实施人才强国战略，适应经济结构转变和产业升级需要，建设规模宏大、高效率的人力资源队伍。第三，推动实施创业带动就业，继续营造良好的市场环境，完善劳动力要素市场，切实降低制度性成本，引导和鼓励民间投资，激发经济活力，努力创造更多高质量就业岗位。第四，创新劳动力市场政策，建立与经济发展和产业转型相适应的技能培训体系，使失业者的技能更新与技术发展保持同步。第五，加强供给侧改革，解决劳动者技能与市场需求不匹配矛盾，加大人力资本投资，多渠道拓展普通劳动者的技能培训，尤其要发挥企业在技能培训中的主导作用，努力降低结构性失业风险。

关键词： 新时代　就业质量　就业保障

就业是民生之本、稳定之基、安国之策。就业持续稳定既是改革开放的重要成果，也是改革持续深化的重要保障。四十年来，我国城乡就业规模持续扩大，就业结构继续优化，就业质量明显改善，社会保险覆盖率持续提高，劳动力市场制度不断完善，劳动者权益得到较好保障。回顾改革开放以来我国就业发展的历史轨迹，总结阶段性特征和重要结构性变化，有助于我们更好地把握新时期就业发展的战略方向和关键任务。进入新时代，我国就业主要矛盾已经从总量矛盾转变为结构性矛盾，就业质量提升成为满足人民群众美好生活向往的重要内容和关键支撑，应该继续坚持就业优先原则，不断丰富就业优先发展战略，积极应对就业的不充分不平衡矛盾，努力实现更加充分和更高质量的就业，为全面建成小康社会奠定坚实基础。

一　就业改革发展的历史轨迹与阶段性特征

（一）就业繁荣是改革开放的最大成果之一

人民群众分享改革开放成果的最直接体现就是充分就业。改革开放带来了世界经济发展的“中国奇迹”，1978～2017 年中国 GDP 年均增速达到约 10%，2017 年 GDP 总量已经突破 80 万亿元的历史新台阶，作为世界第二大经济体，综合国力和国际影响力实现历史性跨越。改革开放以来的四十年，是全体居民共享改革发展成果的四十年，而广大人民群众分享改革开放成果的最现实途径就是实现就业。改革开放进程中，党和政府一直将就业工作放在重要位置，逐步消除计划经济体制的障碍，调动人民群众的积极性和创造性，促进就业总量不断增加，就业结构逐步优化，就业繁荣发展推动经济长期快速发展（国家统计局，2018）。

四十年来，我国城乡就业总量从 4 亿人扩张到约 7.8 亿人，就业总规模增长了 93%，其中，城镇就业人员总量达到 4.2 亿人，比 1978 年增长了 346%，年均增速达到 3.9%。城镇化是经济增长的结果，也是经济持续增长的重要动力，城乡就业结构的深刻变化是就业繁荣发展的必然结果。改革开放以来，伴随着城乡人口迁移和城镇化持续推进，农业农村人口和就业比重均持续下降，四十年间农村人口比重从 1978 年的高达 82.1% 逐步下降到 2017 年的 41.5%，乡村就业人员比重从高达 76.3% 逐步下降到 2017 年的 45.3%（见图 1），城镇已经成为主要的就业部门。

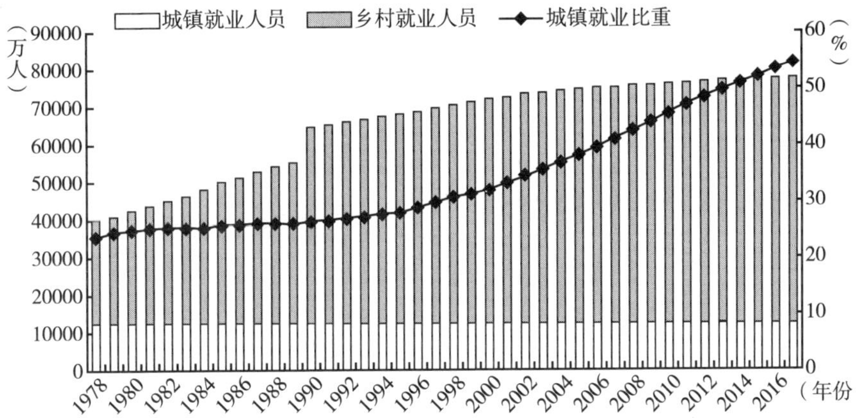

图1　中国城乡就业人员数量与结构变动趋势（1978～2017年）

资料来源：根据《中国统计年鉴》（历年）整理得到。

注：全国城乡就业人员1990年及以后的数据根据劳动力调查、人口普查推算，1990年前后数据出现跳跃主要由于统计方法调整所致。

（二）改革开放贯穿于就业发展的全过程

就业稳定发展最关键动力来源于改革。1978年以来，市场经济体制改革从探索试点到构建框架，再到全面深入，改革持续不断释放发展动力。党的十八大提出要使市场在资源配置中起决定性作用，我国正式进入“五位一体”全面深化改革的新阶段。改革全面激活发展活力和创新动力，充分调动城乡劳动者积极性，改革开放贯穿于城乡就业与劳动力市场发展的整个过程。城乡就业扩展的变动趋势清晰地刻画了改革开放与经济发展的阶段性特征，我们基于客观数据将改革开放四十年来就业发展历程划分为如下四个阶段（见图2）。

城乡内部扩张阶段（1978～1989年）：改革从农村和城镇各自开启，城乡分割格局尚未破除，城乡内部就业保持同步扩张。这一时期就业改革的主要任务是打破计划经济体制下的就业体制，配合市场经济体制改革形成双轨制的就业制度。

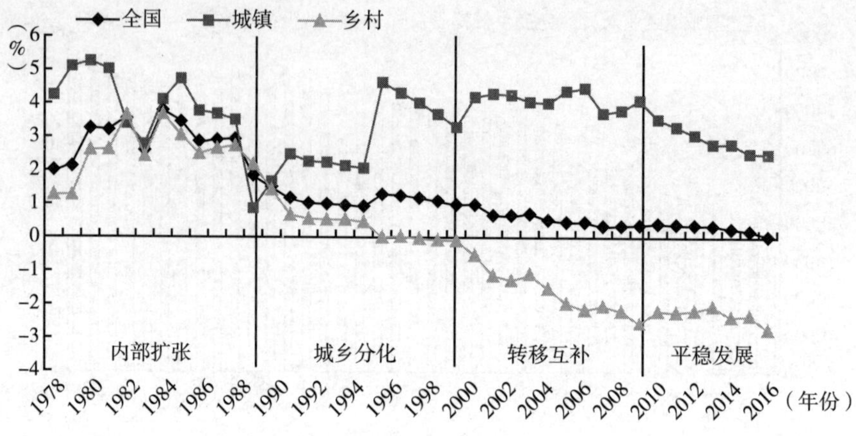

图 2　中国城乡就业人员增长率变动趋势（1978～2017 年）

资料来源：根据《中国统计年鉴》（历年）整理得到。

在改革开放之前的计划经济时代，以重工业为主导的计划经济体制要求配套建立计划就业体制，统一招收和调配制度带来严重弊端，隐性失业问题突出，劳动力资源配置效率低下，就业结构单一，劳动者的自主性和能动性发挥不足，改革计划就业体制势在必行。1978 年党的十一届三中全会把党和国家工作中心转移到经济建设上来。农村家庭联产承包责任制极大地释放了劳动力的积极性和创造性，乡镇企业发展创造了大量非农就业机会，这一时期正值 20 世纪 60～70 年代生育高峰时期，出生人口陆续进入劳动年龄阶段，改革为创造就业机会、缓解就业压力发挥了积极作用。

城市改革步伐相对滞后，但也在改革开放浪潮中逐步探索。20 世纪 70 年代末下乡知青集中返城，城镇就业问题一度十分突出，根据劳动部门统计资料，1979 年城镇累计待业人员达到 1500 万人，城镇登记失业率一度超过 5%。1980 年，党中央提出了劳动部门介绍就业、劳动者自愿组织起来就业和自谋职业相结合的“三结合”就业方针。改革开放有效化解了计划体制下积累的深层次就业矛盾，1982

年城镇登记失业率下降到3.2%，1984年进一步下降到1.9%，但是隐性失业或就业不充分现象仍然比较突出。1984年10月，党的十二届三中全会提出社会主义经济是公有制为基础的有计划的商品经济，城市改革步伐逐步加快，开始推进劳动合同制的用工管理制度改革。城乡就业需求快速增长，1985年城镇就业人员增速接近5.0%，农村就业人员增速达到3.0%，全国就业人员增长3.5%，就业总量历史性地达到5亿人。劳动力市场体制改革在探索中逐步加快，双轨制成为这一时期相关领域改革的主要思路和模式选择。1986年7月，国务院发布以改革用工制度为中心的《国营企业实行劳动合同制暂行规定》《国营企业招用工人暂行规定》等改革办法，核心内容是在新招收职工中推行劳动合同制，在老职工中仍然保留固定工制度，也就是用工制度“双轨制”。

但是，这一时期城乡劳动力市场仍然处于相对分割状态，农村劳动力被限制进入城镇，少量农村迁移劳动力尚不足以明显影响城镇就业形势。20世纪80年代末，受到政治和经济环境不稳定因素影响，城乡就业转换的步伐出现短暂停滞，一些地方采取措施严格控制农民工外出务工，同年城镇尤其是一些大城市出现经济社会不稳定因素，严重影响当年就业工作和就业形势，城镇就业人员增速从前几年4%左右大幅下降到1.0%以下。这一时期全国总体和城乡的就业增长率都呈现倒U形特征，这也决定了城乡就业结构保持基本稳定，城镇就业占比仅提高了2个百分点，1980年代末城镇就业比重仍然保持在25%左右，乡村仍然是吸纳就业的主要部门。

城乡分化阶段（1990~2000年）：城乡分割局面打破，农村劳动力大规模迁移城镇开启，农村就业增长基本停滞，城乡就业加速扩展。这一时期围绕社会主义市场经济体制框架，劳动力市场和社会保险制度建设步伐加快，改革的重要任务是配合城镇国有企业改制全面推进。

市场经济体制改革和劳动力市场发育引导城乡就业的分化。就业体制变革的基本方向是全面实行劳动合同制，建立完善的劳动力市场，逐步打破双轨制的就业体制，明确了建立市场导向的就业体制。1992 年党的十四大明确了建立社会主义市场经济体系的改革目标，社会主义市场经济体制基本框架得以确立，以按劳分配为主体的分配制度极大地调动了劳动者的就业创业积极性。1995 年 1 月，《劳动法》颁布实施，其核心内容是全面实行劳动合同制，从根本上打破了国家以行政方式配置劳动力资源的格局，初步形成了企业自主用工、职工自主择业的机制。劳动部门统计资料显示，到 1997 年底，全国城镇已有约 1 亿职工与企业签订了劳动合同，占同口径职工总数的 97.5%。但与此同时，国企改制全面实施，1997 年国务院提出“鼓励兼并、规范破产、下岗分流、减员增效、实施再就业工程”的方针，当年下岗职工累计达到 1152 万人，城镇下岗职工短期内对城镇劳动力市场造成负面影响，1998 年之后城镇就业人员增速放缓，失业率也显著提高，城镇劳动力市场发育正在经历阵痛期。

乡村就业与劳动力市场发展呈现出另一番景象。市场化改革加速了农村剩余劳动力向非农产业和城镇转移就业，“民工潮”现象势不可挡。户籍制度改革被提上日程，一些地方放松甚至取消了农村人口外出流动管控，“盲流”概念退出历史舞台，1997 年户籍制度改革措施出台，已在小城镇就业居住并符合一定条件的农村人口，允许在小城镇办理城镇常住户口，这几年城镇就业增速高达 4% 以上。城镇国企改制冲击并未能够阻碍农村劳动力转移步伐，1996 年开始乡村就业人员基本处于停滞状态，农村转移劳动力与新成长劳动力基本保持平衡，1998 年乡村就业人员在达到峰值 4.9 亿人之后正式进入负增长阶段。这一时期城乡总体就业规模基本保持年均 1% 的增长，城乡就业结构继续稳步变动，城镇就业比重在 1990 年代末突破 30%。

城乡转移互补阶段（2001 ~ 2010 年）：城乡统筹发展加快推进，

农村劳动力加速转移并消耗殆尽，城镇就业稳定增长主要来源于农村劳动力加速减少。这一时期围绕和谐社会与全面小康社会建设，确立就业优先战略，形成了具有中国特色的就业政策体系。

全面深化改革和加快融入全球带来经济新气象和就业新格局。进入新世纪，以 2001 年加入 WTO 为标志，中国加快融入全球经济，市场经济体制改革继续深化，2002 年，中共十六大提出了社会主义市场经济体制的改革目标，同时把社会就业比较充分作为全面建设小康社会的一个重要目标纳入国家发展战略。新世纪以来，经济增长动力强劲，经济连续保持高达两位数快速增长，城镇就业需求旺盛，2003 ~2005 年间下岗失业人员中有 1460 万人实现再就业，城镇劳动力市场快速从前期国企改制冲击中恢复。东部沿海局部地区“民工荒”现象开始出现，普通劳动力出现了供不应求的局面，劳动力无限供给的时代已经终结，工资形成基础逐渐从生存水平转变为劳动边际生产力，中国已经迎来了“刘易斯转折点”（Cai & Wang，2010；蔡昉、都阳，2011）。农村改革进入新阶段，2003 年开始彻底取消农业税费，全面实施农业补贴，加快推进新农村建设，推广农业机械化，农业现代化水平逐步提升，劳动生产率大幅提高，进一步释放农村剩余劳动力，同年阻碍劳动力流动的制度改革加快，城市收容制度彻底废除，户籍制度和就业歧视政策逐步改革完善。

城镇劳动力市场供给主体发生变化，农村新成长劳动力逐渐成为城镇劳动力市场的主要供给来源。一方面，20 世纪末启动的高等教育扩张吸收的农村生源大学生开始陆续进入劳动力市场，另一方面，农村未升学的青少年绝大多数直接转移到城镇就业。从需求角度来看，经济集聚现象明显，新增就业岗位主要集中在经济发达地区和大城市，吸引劳动力继续向这些地区集中。这一时期城镇就业规模加快扩展，金融危机之前的 2007 年城镇就业人数增速一度达到 4.5%，城镇就业人员总量超过 3 亿人，在金融危机冲击影响下，短期出现

2000 多万农民工返乡，但城镇就业形势并未遭受实质性冲击，城镇就业人员增速很快恢复（王德文等，2009）。城镇劳动力市场供给越来越依靠乡村劳动力，城乡就业人员变动基本呈现互补转换的关系，从城乡就业规模增长率变动趋势来看，一个明显的“喇叭口”正在加快形成，乡村就业人员以更快的速度减少，而城镇就业人员以稳定的速度增长，城镇就业比重从 2001 年的 33.1% 提高到 2010 年的 45.6%。

平稳发展新阶段（2010 年至今）：劳动力供给逐渐减少，就业总量趋于稳定，城乡结构持续变化，就业质量成为新诉求。这一时期改革旨在顺应经济发展新常态，加快推进全国一体化的劳动力市场建设，促进劳动力更加充分自由流动，实施就业优先战略和更加积极的就业政策，鼓励创业带动就业，推动实现更高质量的就业。

人口与经济结构转变引导就业发展进入平稳新阶段。人口老龄化进程持续加快，全国劳动年龄人口持续负增长，全国城乡就业总量也接近峰值，2017 年全国城乡就业人员增速仅为 0.05%，就业总量保持在 7.76 亿人。人口老龄化步伐持续加快，老龄化程度持续加深，劳动力供给加快缩减，就业总量负增长即将到来。农村青壮年劳动力基本转移殆尽，15 ~ 19 岁农村青少年数量连续减少，全国农民工总量在达到 2.8 亿人、外出农民工人数达到 1.7 亿人的情况下处于饱和状态，未来农村向城镇转移的人口将以被抚养的老年、子女为主，农村可转移的潜在劳动力资源将仅有 3000 万左右（程杰等，2017）。乡村就业人员老龄化趋势明显，总体上仍然保持每年 2% 左右的速度减少，2017 年下降到 3.5 亿人。在新常态下，经济仍然保持平稳较快增长，经济结构加快转型优化，城镇化进程继续推进，城乡就业结构继续保持稳步变化，城镇化率到 2017 年已经提高到 58.5%，城镇就业比重也突破 50%，到 2017 年提高到 54.7%。但是，在平稳发展的新阶段，城镇就业规模增速明显放缓，下降到3%以下，2017年城镇就业规模达到4.25亿人。

就业形势稳定和就业质量提升得益于改革不断深入。2012年底中共十八大召开，提出经济体制改革的核心问题就是处理好政府与市场的关系，要求保证各种所有制经济依法平等使用生产要素、公平参与市场竞争、同等受到法律保护。党的十八届三中全会正式提出“市场经济在资源配置中的决定性地位”。以习近平同志为核心的党中央坚持以人民为中心的发展思想，根据新常态下的就业形势和特点，实施就业优先战略和更加积极的就业政策，不断深化就业领域改革，建立了经济发展和扩大就业的互动机制，构建了以创业促就业新机制，努力推动更高质量和更充分就业（蔡昉，2017）。就业优先战略在实践中不断丰富，党和政府把就业创业摆在经济社会发展更加优先、更加突出的位置，实现经济增长和扩大就业的良性互动。鼓励创业纳入就业方针，形成政府激励创业、社会支持创业、劳动者勇于创业新机制。在经济新常态下，经济和就业发展面临新形势和新挑战，更要依靠改革继续激发市场活力，在此背景下“大众创业、万众创新”战略全面实施，新经济新就业不断涌现，在经济增长趋于放缓的情况下就业形势保持稳定（张车伟，2016）。

二　就业改革发展的主要表现

（一）充分就业目标稳步实现

改革开放四十年来，隐形失业在“显性化”过程中逐渐被消化，城镇失业率在经历一段时期波动之后逐渐平稳。改革之前，城乡两个部门都存在大量冗余劳动力，劳动生产率低下，市场经济体制改革激活劳动者积极性，劳动力加快向更有效率的部门转移流动，就业体制

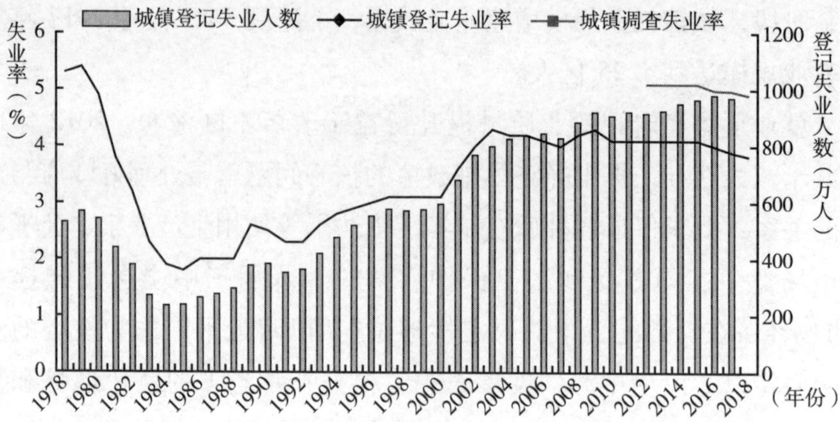

图3　中国失业人员规模和失业率变动趋势（1978～2018年）

资料来源：根据《中国统计年鉴》（历年）整理得到。2018年数据为第三季度城镇登记失业率和调查失业率，由人力资源和社会保障部公布。

改革将隐形失业人员“显露”在劳动力市场中。加之改革开放初期“上山下乡”青年短期集中返城，城镇劳动力市场面临较大压力，登记失业率一度超过5%，市场经济体制改革释放的活力和就业需求很快消化了这一压力，1980年代中期登记失业率一度下降到2%，随着城镇市场经济体制改革加快推进，劳动力市场体系逐步发育，登记失业人数和登记失业率呈现缓慢上升趋势，1990年代末国企改制全面实施，登记失业率提高到4%左右（见图3）。进入21世纪之后，国企改制基本完成，失业保险和就业政策体系逐步完善，登记失业率始终保持在4%左右的控制目标范围内，最近几年登记失业率保持稳中有降态势。

调查失业率也保持在相对较低的可控范围。随着劳动力流动逐渐加快以及劳动力市场一体化逐步推进，传统的登记失业管理体系不能适应劳动力市场变化，登记失业率主要反映城镇本地户籍人口的就业状况，不能全面反映就业状况。2009年3月，我国开始在4个直辖市和27个省会城市开展月度劳动力调查工作，2010年1月，全国就业工作座谈会对“十二五”期间实施调查失业率进行通气；2013 年 4 月，增加到 65 个大城市；2015 年 7 月扩围覆盖所有的地级市；2018 年 4 月，正式对外定期公布城镇调查失业率。国家统计局公布的相关数据显示，2012 年经济新常态以来，就业形势始终保持平稳，调查失业率保持在 5% 左右水平波动，最近两年呈现小幅下降趋势。对于拥有约 9 亿劳动力资源、7 亿多就业规模的发展中大国，调查失业率长期稳定在 5% 左右水平，基本上实现了充分就业目标。

（二）就业结构不断优化

就业结构转变是经济与就业发展的一个重要表现。改革开放以来，经济快速发展带动经济结构调整优化，就业结构变化总体上也顺应城镇化、工业化的发展方向，传统农业部门就业比重逐步下降，非农业部门吸纳越来越多就业。改革开放初期，农业就业比重曾经高达 70% 以上，之后就步入快速下降通道，大量农业劳动力转移到城镇非农部门。服务业的就业吸纳能力明显更强，实际上服务业就业比重早在 1990 年代中期就已经超过第二产业的就业比重，而且服务业就业比重始终保持稳步提高态势。1990 年代中期国有企业改制导致第二产业就业出现一段时期的缓慢增长。进入 21 世纪，中国制造业加快融入全球，带动第二产业就业比重提高，2012 年前后第二产业就业比重达到 30% 的峰值，随后开始逐步下降，到 2017 年下降到 28% 左右。服务业逐渐成为最主要的就业部门，2013 年服务业超越第二产业成为国民经济中最大的部门，2017 年进一步提高到 45%（见图 4）。

就业从国有部门为主转向民营经济为主是结构优化调整的另一个重要表现。市场经济体制改革的重要目标就是让市场部门成为就业的主要创造者。改革开放之初，城镇国有部门就业比重一度高达 80%，随后开始平稳下降，但由于国企改制推进较为缓慢，直到 1990 年代初国有部门就业比重仍然高达 70% 左右，1990 年代中期国企改制大

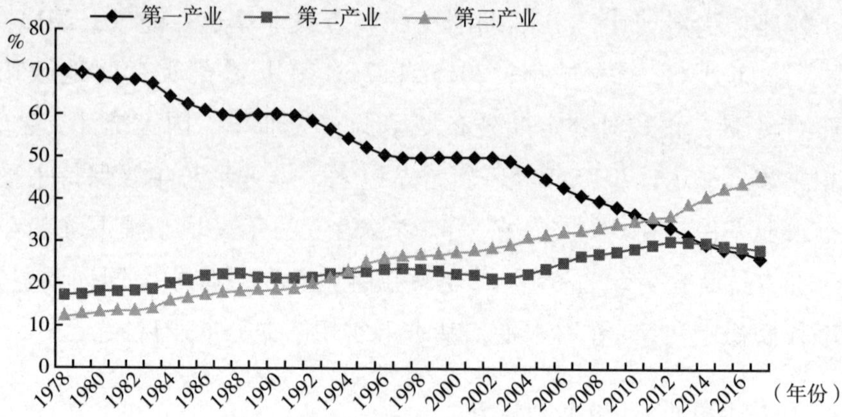

图 4　中国三次产业就业结构的变动趋势（1978 ~ 2017 年）

资料来源：根据《中国统计年鉴》（历年）整理得到。

幕拉开，民营企业发展迎来生机，国有部门就业比重大幅下降，到 2000 年下降到 30% 左右，随后进入平稳下降阶段，2017 年国有部门就业比重已经下降到 15% 以下。相应地，城镇个体私营经济成为市场经济的重要市场主体，创造大量新增就业，个体私营部门的就业比重从改革开放之初的近乎为零，逐渐提高到 1990 年代中后期国企改制全面推进时期的 10%，之后步入加快发展阶段，2017 年城镇个体私营部门就业比重已经超过 50%（见图 5），成为最主要的就业吸纳主体。

（三）就业质量逐步提升

就业发展是居民生活水平提升的关键。改革开放以来的最大变化之一就是劳动者能够比较容易地找到工作，持续创造经济价值并获得可观的报酬。全员劳动生产率（城乡劳动者平均每人每年创造的经济价值）总体上与 GDP 总量和人均 GDP 增长保持同步变动，劳动生产率持续提升是工资增长的动力支撑，也是就业质量提升的

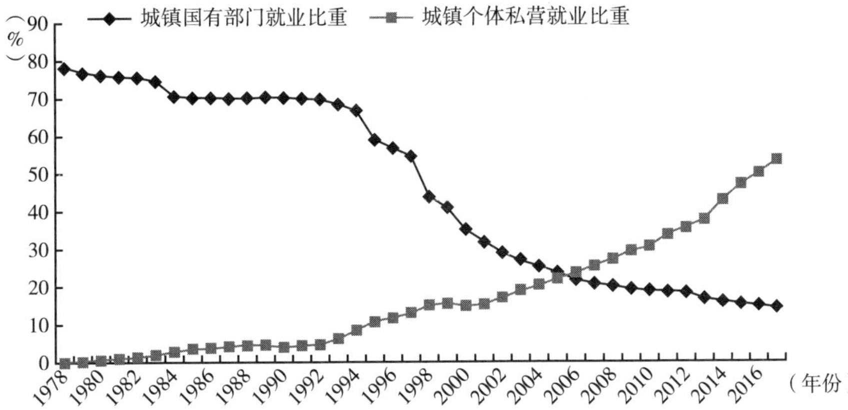

图 5　城镇国有部门和个体私营部门就业结构变动趋势（1978～2017 年）

资料来源：根据《中国统计年鉴》（历年）整理得到。

重要基础。改革开放四十年来，全员劳动生产率始终保持较快增长，2017 年全员劳动生产率已经突破 10 万元/年（见图 6），为劳动者报酬和工资水平提升奠定重要基础，城镇单位就业人员平均工资水平保持同步较快增长。2017 年城镇非私营单位就业人员年平均工资增长到 7.4 万元，改革开放以来年均增长率达到 13.1%，扣除物价因素之后，2017 年比 1978 年实际增长 16.7 倍，年均实际增长率为 7.6%。

工资水平持续提高的同时，劳动者工作强度逐渐下降。根据国家统计局公布的数据，2017 年城镇各类企业就业人员中，周平均工作时间在 40 小时及以下的比例达到 52%，相应地，周平均工作时间超过 40 小时的比例从 2012 年的 52% 下降到 2017 年的 48%，在工资增长的同时工作强度逐步下降，意味着就业质量有效提升。在劳动生产率持续提升、劳动者报酬持续增长的前提下，劳动者工作时间下降是就业质量提升的重要反映。

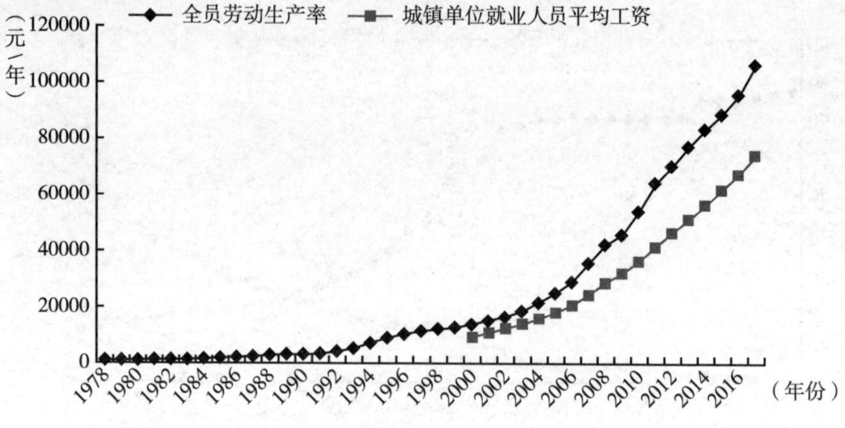

图 6　全员劳动生产率与城镇单位就业人员工资变动趋势（1978 ~ 2017 年）

资料来源：根据《中国统计年鉴》（历年）整理得到。

（四）就业保障水平持续提高

劳动者在获得就业机会的同时也得到全方位的保障。社会保障制度是市场经济体制改革的重要内容，也是劳动力市场体系的重要组成部分，1990 年代伴随着国有企业改制全面推进，以社会保险为核心的保障体系应运而生，为劳动者的就业、退休、疾病、职业伤害、生育等建立全方位的安全网。进入 21 世纪之后，劳动力市场体系逐渐完善，各项社会保险覆盖面持续扩大，到 2017 年末，城镇职工基本养老保险和医疗保险参保在职职工已经达到约 3 亿人，工伤保险参保人数达到约 2.3 亿人，失业保险和生育保险参保人数也接近 2 亿人（见图 7）。社会保障水平提升有利于促进劳动力市场健康发展。

社会保险制度逐步改革完善，以适应全国一体化的劳动力市场体系发展要求。社会保险全覆盖是劳动力市场一体化的重要反映，改革的方向是增强制度的包容性，把包括流动人口、民营经济、非正规就

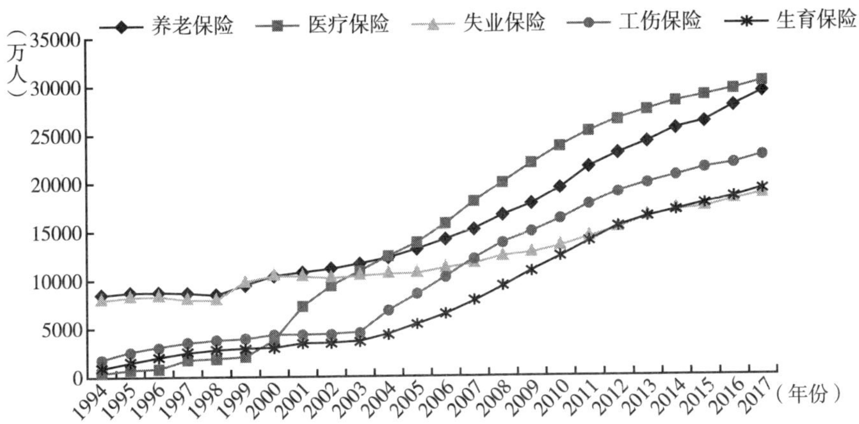

图7　城镇职工各项社会保险年末参保人数变化（1994～2017年）

资料来源：根据《中国统计年鉴》（历年）整理得到。

业等群体都能够公平地纳入保障体系中。从养老保险制度来看，国企改制一方面加快养老保险制度实施，将在职职工纳入保险体系中，另一方面也加快下岗职工分流，短期内部分职工被排斥在保险体系之外，1990年代中后期城镇职工养老保险覆盖率在40%左右出现波动，部分年份出现下降，到“十五”期末覆盖率达到46.2%，“十一五”期末提高到55.9%。“十二五”时期养老保险制度继续改革完善，《劳动合同法》《社会保险法》等实施执行力度增强，机关事业单位与企业养老保险制度完成并轨，制度覆盖率保持稳定提高，到2017年总体参保率提高到70%（见图8），距离全覆盖目标更进一步，流动人口是实现这一目标的关键。

流动人口逐步纳入城镇就业保障体系中。流动人口是城镇劳动力市场的重要主体，在劳动力市场分割状况下，流动人口曾经被排斥在城镇本地就业保障体系之外。随着相关制度不断完善，社会保险制度的包容性和可携带性逐渐增强，更多的流动人口被纳入城镇本地社会保险制度。农民工总量在2000年就突破1亿人规模，2006年进一步扩

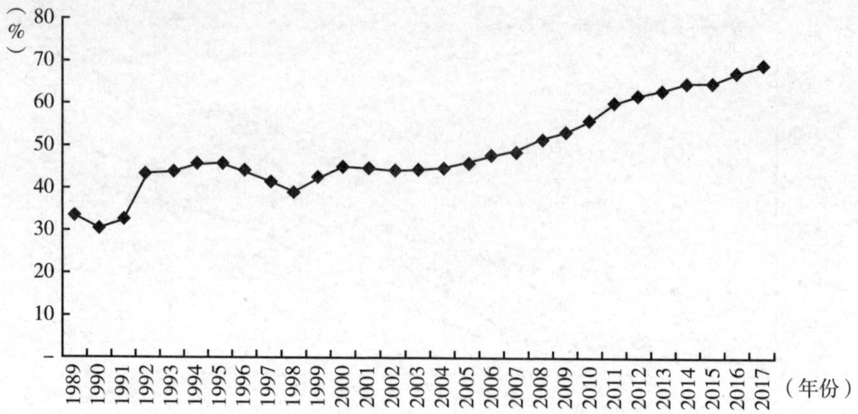

图 8　城镇职工基本养老保险的覆盖率变动趋势（1989～2017 年）

注：覆盖率 = 参保职工人数/城镇就业人数。

资料来源：根据国家统计局《中国统计年鉴》（各年）相关数据计算。

大到 2 亿人，到 2017 年末，农民工总量已经达到 2.7 亿人，相当于城镇就业总量的 40% 之多，农民工参加城镇职工养老保险的人数增长到 6000 万，参保率从 2006 年的不到 7% 逐步提高到 2017 年的 22%（见图 9）。未

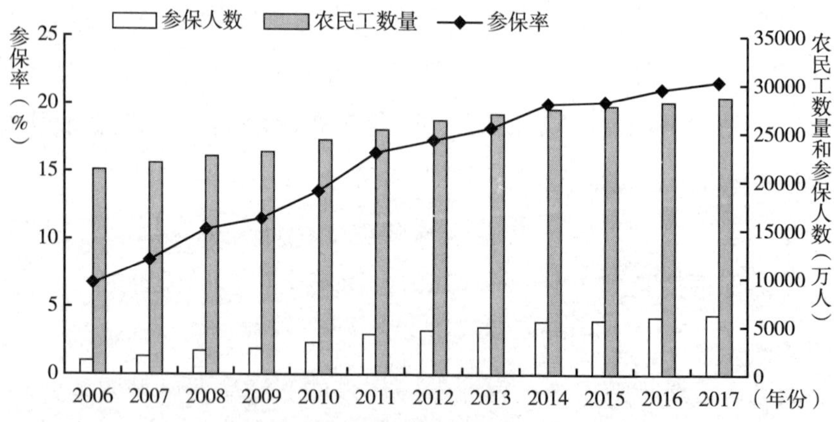

图 9　农民工参加城镇职工养老保险情况（2006～2017 年）

注：覆盖率 = 参保职工人数/城镇就业人数。

资料来源：根据人力资源和社会保障部发布的《人力资源和社会保障统计公报》（各年）相关数据计算得到。

来更高质量的城镇化发展将推动农民工市民化进程，城乡社会保障制度之间的衔接更加便利，农民工的就业保障水平将进一步提升。

三　面向新时代的就业发展战略

（一）就业繁荣发展的不变规律

改革开放以来的就业繁荣发展可以总结出一些富有价值的经验和规律，尽管人口和经济发展阶段已经发生深刻变化，但以下几条不变的规律仍然能够为新时代就业发展战略提供有益借鉴。

第一，市场化改革是根本之道。从计划经济体制向市场经济体制的根本性转变是中国经济持续快速发展的关键所在。四十年来，我国市场经济体制改革不断完善，改革持续释放发展动力和创新活力。1978 年党的十一届三中全会确立“对内改革、对外开放”的战略方针，党的工作重心向经济建设转移，1992 年党的十四大明确了社会主义市场经济的改革方向和基本内容，市场化改革继续推进，1997 年党的十五大提出使市场在国家宏观调控下对资源配置起基础性作用，2007 年党的十七大提出从制度上更好地发挥市场在资源配置中的基础性作用，2012 年党的十八大提出更大程度更广泛地发挥市场在资源配置中的基础性作用，2013 年十八届三中全会提出使市场在配置资源中起决定性作用，正式进入“五位一体”全面深化改革的新阶段（高尚全，2017）。在市场经济体制改革过程中，劳动力市场逐步发育并保持较强活力，坚定不移的市场化改革为就业繁荣发展注入内在动力。

第二，城镇化战略是动力之源。城镇化几乎与市场化、工业化同步推进，在各种力量共同推动下，传统制约中国经济发展的二元经济结构被打破，大量低成本劳动力加速向城镇转移成为中国经济奇迹的重要支撑。在计划经济体制和严格户籍制度管控下，城乡之间的产品市场和要素生产长期处于分割状态，造成严重的资源配置扭曲，改革开放为城乡之间要素流动和效率提升提供了可能，尤其是改革重心转向城市之后，确立了率先开放东部沿海地区的发展战略，以珠三角和长三角为代表的城市和小城镇快速发展并形成集聚效应，工业化和城镇化进程全面启动。强大的市场需求推动了产品和要素突破城乡和地区限制加快流动，户籍制度管控也开始放松，大量农村劳动力从低生产效率的传统农业部门加速转移到生产效率更高的现代经济部门，成本低廉的劳动力奠定了中国经济竞争力基础，以制造业为代表的产业迅速立足于全球经济之中。

第三，个体私营经济是关键就业渠道。个体私营经济是最具活力的市场经济主体，改革开放以来，个体私营经济从无到有、短暂调整，逐步发展壮大并发展至今成为最重要的城乡就业吸纳渠道。改革开放初期关于个体私营经济在社会主义市场经济中的合法地位仍然存在一定争议，1982 年，党的十二大提出个体经济是公有制经济必要的、有益的补充，1987 年底，党的十三大首次明确承认私营经济的合法存在和发展，提出非公有制经济是社会主义公有制经济必要的和有益的补充，个体私营经济突破了长期以来的禁锢政策。但是，1989～1991 年间，受国内外政治形势剧变和国家宏观经济调控政策的影响，个体私营经济再次遭受意识形态枷锁困扰，短期出现大幅度收缩。1992 年，党的十四大确立了多种经济成分长期共同发展的方针，1997 年，党的十五大明确公有制为主体、多种所有制经济共同发展是我国社会主义初级阶段的一项基本经济制度，个体私营经济彻底摆脱意识形态困扰，进入快速健康发展的轨道。随着市场经济体制改革持续深化，公平竞争的市场环境逐渐完善，党的十八大和十九大再次强调毫不动摇鼓励、支持和引导非公有制经济发展，并明确鼓励参与国有企业改革，非公有制经济的市场准入进一步放宽。在

“大众创业、万众创新”推动下，新经济、新动能加快发展，新就业新职业不断涌现，这些动能主要都来自于个体私营经济。根据国家统计局“三新”（新业态、新产业、新商业模式）调查估算，在全部增加的就业中，新动能的贡献达到70%左右。个体私营经济发展为就业稳定和持续繁荣发展发挥关键的渠道支撑，同时也为持续推进市场经济体制改革提供重要保障。

第四，全球化为就业扩展注入活力。全球化是世界经济发展不可逆转的大趋势，以2001年加入WTO为标志，中国加速并深度融入全球分工体系，可以说中国既是全球化的受益者，也为全球经济一体化做出重要贡献。全球化对于就业的意义至少体现在以下几个方面：一是通过全球贸易直接创造就业需求和工作岗位；二是通过纳入全球经济分工体系提高劳动生产率；三是在开放的产品、服务和人力资源全球合作与分工中实现相互学习，提高自身人力资本水平，为持续、高效率的就业创造和经济增长提供支撑。尽管在世界金融危机冲击下，新贸易保护主义出现短暂反复，但在全球价值链中，世界各国经济和劳动力市场已经密不可分，从长期趋势上看，自由贸易和全球化仍将是主流，中国的劳动力市场和就业发展有条件也有必要继续从全球化中广泛受益。

第五，就业优先战略是重要制度保障。改革开放初期，就业工作重要目标是服务于国有企业改制，维护市场经济体制改革过程中的经济社会稳定，就业政策出发点首先是要着力解决短期出现的较大规模下岗失业问题。进入21世纪之后，就业政策选择更具有积极主动性，就业工作被摆在党和政府工作的重要位置，积极的就业政策加快实施，就业优先原则和就业优先战略得以明确。党的十八大以来，就业优先战略的内涵不断丰富和拓展，强调要继续实施就业优先战略，要求实施更加积极的就业政策，就业优先原则要求全面贯彻到稳增长、促改革、调结构、惠民生等经济社会发展各领域，以人民为中心的发展思想对就业优先战略也提出更高要求。就业更加充分已经成为全面建成小康社会的重要目标，就业优先战略从制度上确保了就业形势持续稳定。

（二）就业持续繁荣发展的战略方向

新时代中国的就业形势将面临新挑战。突出表现在以下几个方面：一是新技术革命带来的冲击。世界银行（2016）发布的一份研究报告显示，1990 年代中期以来一些欧美国家中等技能水平的岗位开始减少，例如普通办事人员、常规设备操作人员等，而以管理岗位、技术岗位为主的高技能水平的岗位，以普通服务人员、销售人员为主的低技能水平的岗位并没有减少，就业数量和就业占比都在提高，呈现“两边高、中间低”的岗位变动现象，一些学者将其视为就业两极化的风险，这意味着新技术开始加快替代一些最容易被技术替代的工作岗位。可以预见，包括中国在内的世界主要国家在新一轮技术革命中都将面临短期的结构性失业或者“技术性失业”，当然从长期来看，新技术革命是新的发展契机（张车伟等，2017）。二是人力资本的短板突出。尤其是农村劳动力资源面临被经济结构转型淘汰的风险，青年农民工群体尽管相对于老一代农民工接受了更高的教育，但更多从事人力资本积累效果不明显的普通服务业，未来随着新技术、新经济加快发展，这部分群体将首先被替代，目前以农民工为主体的普通劳动者的人力资本水平难以适应现代经济转型需求（程杰等，2017）。三是就业结构性矛盾失衡。主要表现为群体不平衡、行业不平衡以及地区不平衡，经济发展不平衡与就业不平衡相互影响、恶性循环，例如东北老工业基地以及一些资源型城市的人口和劳动力加速流出，本地劳动力市场和经济环境持续恶化，劳动力需求疲软，更为严峻的问题是长期失业或不充分就业状态导致劳动者逐渐丧失就业意愿，选择直接退出劳动力市场。四是劳动力市场一体化进程仍然任重道远。尽管劳动力要素市场加快发育，但制度性障碍依然是影响劳动力市场效率的主要制约因素之一，尤其是户籍制度不仅影响城乡劳动力流动，同样也在影响城市、区域以及部门之间的劳动力资源配置（高文书、屈小博、程杰，2015）。

中国是一个多重转型重叠的经济体，经济结构、产业结构与劳动力市场结构均以前所未有的速度加快转变，劳动力市场面临分化的潜在风险，新时代中国就业发展仍将面临诸多复杂形势。党的十八大以来，以习近平同志为核心的党中央坚持以人民为中心的发展思想，根据经济发展新常态下的就业形势和特点，进一步丰富发展了就业优先战略。党的十九大报告提出，实现更高质量和更充分就业是新时代就业工作的总体目标，必须坚持以人民为中心，推进就业岗位创造和就业质量提高。

新时代推进就业优先战略需要关注以下几个方面：第一，继续坚持就业优先的重大战略，不断丰富更加积极的就业政策，建立与宏观经济政策协同、与现代经济体系建设适应的就业政策体系，保持就业形势持续稳定。第二，继续实施人才强国战略，适应经济结构转变和产业升级需要，建设规模宏大、高效率的人力资源队伍。第三，推动实施创业带动就业，继续营造良好的市场环境，完善劳动力要素市场，切实降低制度性成本，引导和鼓励民间投资，激发经济活力，努力创造更多高质量就业岗位。第四，创新劳动力市场政策，建立与经济发展和产业转型相适应的技能培训体系，使失业者的技能更新与技术发展保持同步。第五，加强供给侧改革，解决劳动者技能与市场需求不匹配的矛盾，加大人力资本投资，多渠道拓展普通劳动者的技能培训，尤其要发挥企业在技能培训中的主导作用，努力降低结构性失业风险。

2019 年是新中国成立 70 周年，也是全面建成小康社会目标实现的关键一年。就业形势稳定至关重要，就业工作应该重点关注以下几个方面的问题：一是妥善应对过去几年化解产能过剩和地方债务风险过程中积累的潜在就业影响，积极做好就业转移、技能培训和社会保障相关工作；二是关注中美贸易摩擦对就业带来的短期和中长期影响评估，对影响较大的局部地区和特定群体开展跟踪监测并出台应对方案；三是监测贫困人口和脱贫家庭的就业状况，继续推进就业扶贫工作，增强脱贫攻坚成效；四是关注边疆民族地区、人口净流出地区、资源枯竭地区等就业形势，防止出现局部性大规模失业；五是继续做好应届高校毕业生、退伍军人等重点群体的就业工作，同时关注退休返聘或再就业人员、农村迁移老年人再就业等新现象，落实相关就业政策。

参考文献

Fang Cai and Meiyan Wang（2010）. Growth and Structural Changes in Employment in Transition China. *Journal of Comparative Economics*，Vol. 38.

Fang Cai，Yang Du，and Meiyan Wang（2011）. Labor Market Institutions and Social Protection Mechanism，Background Paper for China 2030，Institute of Population and Labor Economics，China Academy of Social Science，Beijing.

国家统计局：《就业总量持续增长，就业结构调整优化——改革开放40年经济社会发展成就系列报告之十四》，2018年9月12日。

蔡昉、都阳：《工资增长、工资趋同与刘易斯转折点》，《经济学动态》2011年第9期。

蔡昉：《从国际经验看新常态下中国经济增长源泉》，《比较》2015年第3期。

蔡昉：《十八大以来就业优先战略的丰富发展》，《人民日报》（理论版）2017年3月21日。

程杰、蔡翼飞、贾朋：《有效挖掘农村劳动力供给切实推进新型城镇化发展》，《农村工作通讯》2017 年第 16 期。

都阳：《以更高的人力资本水平为新时代的发展提供动力》，《劳动经济研究》2017 年第 6 期。

高尚全：《改革：中国特色社会主义的伟大实践——中国改革 40 年的回顾与思考》，《全球化》2017 年第 9 期。

高文书、程杰等：《中国个体私营经济与就业关系研究》，载中国个体私营经济与就业关系研究课题组编著《中国个体私营经济与就业关系研究报告》，中国工商出版社，2016。

高文书、屈小博、程杰：《就业的成就、经验与挑战》，载蔡昉、张车伟主编《人口与劳动绿皮书：中国人口与劳动问题报告 No. 16》，社会科学文献出版社，2015。

屈小博、程杰：《中国就业结构变化："升级"还是"两极化"?》，《劳动经济研究》2015 年第 1 期。

世界银行：《2016 年世界发展报告：数字红利》，华盛顿，2016。

王德文、张展新、程杰、侯慧丽：《金融危机对贫困地区农村劳动力转移的影响》，《中国农村经济》2009 年第 9 期。

张车伟、王博雅、高文书：《创新经济对就业的冲击与应对研究》，《中国人口科学》2017 年第 5 期。

张车伟：《十八大以来我国就业新特点和就业优先战略新内涵》，《人民日报》（理论版）2017 年 7 月 19 日。

张车伟：《新经济新就业激活居民增收动力》，《经济日报》2016 年 12 月 22 日。

G.3

我国工资与收入分配改革的回顾与展望

张车伟　赵 文*

摘　要： 建立合理的收入分配关系，让经济增长更好地惠及国民，一直是我们前进路上的课题。改革开放之前，我国的分配关系主要是国家、国营企业、职工、集体经济之间的关系，重工业和轻工业之间的关系，以及城市和农村之间的关系。改革开放以来，国家、国营企业、职工之间的关系演变为政府、企业、居民之间的分配关系。重工业和轻工业之间的关系演变为国有经济和民营经济之间的分配关系。城市和农村之间的关系演变为城镇原住居民和外来人口之间的分配关系。工资制度改革始终贯穿三类分配关系。目前，历史所积累的和市场固有的收入分配矛盾不断化解，一部分人和一部分地区先富了起来，城乡和地区之间的收入差距有所缩小。但“先富带动后富”的机制还不健全，力度还不够大。其中，功能性分配格局失衡是收入分配不合理的重要原因和源头，普通劳动者的工资水平整体偏低，导致居民收入差距较大。这需要更加理顺分配关系，初次分配注重效率，再分配注重公平，最终实现全体人民共同富裕。

* 张车伟，经济学博士，中国社会科学院人口与劳动经济研究所所长，研究员，主要研究方向：人口学、劳动经济学、收入分配；赵文，管理学博士，中国社会科学院人口与劳动经济研究所副研究员，主要研究方向：收入分配、劳动经济学、经济增长。

关键词： 工资 收入分配 劳动报酬 居民收入

一 引言

2018年，我国的人类发展指数排名上升到第86位（UNDP, 2018）。其中，以购买力平价计算的人均国民总收入达到15270美元，排名第77位。经济综合实力显著提升，城乡面貌发生明显变化，改革开放取得重大进展，人民生活水平不断提高，社会保持和谐稳定。这一系列成就的取得，离不开正确合理的收入分配机制。

新中国成立以来，工资制度与收入分配关系几经变革。新中国成立初期，工业基础十分薄弱。为了保障国家政治独立、国防安全，满足经济建设需要，同时受苏联工业化道路成功的带动，我国优先发展重工业，建立起较为完整的工业体系。其间，工资制度经历了两次大的制度变革和数次小范围的调整。事实证明，这一时期的重工业优先和按劳分配的工资制度以及围绕其设计的分配制度，符合当时的国情。改革开放以来，经济体制变化巨大，分配机制也发生了适应时代要求的新变化。产业结构从以农业为主到以工业为主并正在向服务业主导型经济转变。所有制结构和分配结构深刻变化，实现由单一公有制到多种所有制经济共同发展的转变，从绝对平均主义转变为以按劳分配为主、多种分配方式并存。

新中国成立初期到改革开放之前，我国的分配关系主要是国家、国营企业、职工、集体经济之间的关系，重工业和轻工业之间的关系，以及城市和农村之间的关系。改革开放以来，国家、国营企业、职工之间的关系演变为政府、企业、居民之间的分配关系。重工业和轻工业之间的关系演变为国有经济和民营经济之间的分配关系。城市和农村之间的关系演变为城镇原住居民和外来人口之间的分配关系。

目前，公有制主体地位巩固，继续保持控制力和影响力。非公有制经济快速发展，在促进增长、扩大就业和激发市场活力等方面发挥重要作用。对于目前的工资和收入分配形势，党的十九大报告提出：坚持按劳分配原则，坚持在劳动生产率提高的同时实现劳动报酬同步提高，拓宽居民劳动收入渠道。工资制度改革，既涉及资本和劳动之间的要素分配关系，还涉及行业之间、就业群体之间、居民之间的分配关系，始终是贯穿各种分配关系的主线之一，也是近一个时期我们收入分配改革的主要着眼点和落脚点。

在改革开放四十周年之际，回顾工资与收入分配关系变化的改革进程，探讨过去经验所蕴藏着的对未来改革的深刻启示，能够更加清楚地知道我们当前所在的历史位置和前进方向。本文回顾新中国成立以来工资和收入分配改革历程，分析当前收入分配形势，展望未来的收入分配改革。

二　改革开放前我国工资与收入分配变迁

收入分配制度在新中国成立后，有过重大变化，即从带有平均主义色彩的供给制，改成了等级森严、差距较大的职务等级工资制（杨奎松，2007）。对是否通过利用等级差或扩大收入差距的办法来激励人们努力工作，进而体现社会主义式的多劳多得的分配特色这种观点，实际上决策层未能一致。这是改革开放之前，我国收入分配关系不断调整的原因和主线。总体来看，我国主要实行的是高度集中的计划经济体制和与之配套的按劳分配制度。分配关系调整的原则是兼顾国家利益、集体利益和个人利益，调整范围主要在政府、国营企业、国营企业职工、集体企业职工、集体企业、农民之间。改革开放前的分配关系可以分为两个阶段。第一个阶段基本实行的是公有制经济按劳分配同其他经济成分分配方式相结合的收入分配制度，它具有“大集中、小自由”的特点。第二个阶段实行的是收入分配平均化的分配制度。从居民之间的收入差距来看，尽管工资差别看起来不大，但从更为宽泛的福利角度看，住房、秘书、警卫、司机、专车、勤务、保姆、厨师、特供、医疗、教育各个方面的分配，在各阶层之间存在较大差距。从这个意义上说，改革开放前居民收入差距的真实情况可能并不像基尼系数显示的那样小。而改革开放后，我国对收入差距的容忍程度高，也是有一些历史渊源的。

（一）两次工资改革

1. 新中国成立后的工资调整与第一次工资改革

新中国成立初期，供给制、工资制等多种分配制度并存的状态，难以适应新的形势。旧工资制度杂乱且无法体现按劳分配的原则，妨碍国民经济计划的编制。随着社会主义公有制的完善，实行按劳分配的条件也逐步具备。在照顾广大人民的生活、照顾国家财力和工农关系、不过多增加国家负担的大前提下，1952 年前后，经过各方面的准备工作，全国以各大行政区为单位，分别进行了一次全国性的工资改革。

（1）以工资分作为全国统一的工资计算单位，并规定工资分所含实物的种类和数量。每一工资分，折合为粮、布、油、盐、煤五种实物（见表 1）。

表 1　工资分的组成

实物	粮食	白布	植物油	食盐	煤
折合斤	0.8 斤	0.2 尺	0.05 斤	0.02 斤	2 斤

（2）根据按劳分配原则，建立了工人和职员的工资等级制度，制定了工人的技术等级标准。国营企业的工人大多数实行八级工资制，少数实行七级工资制。按照重工业优先原则，参考工种复杂程度和工人技术水平，由低到高地划分为八个或七个工资等级。

表 2　东北地区 1951 年制定的工人工资标准

单位：工资分

产业	工资标准		倍数
	最高	最低	
煤矿、冶炼	315	105	3.00
金属矿、石油、电力、炼焦、重化工	309	103	3.00
机电、化工、建筑材料	300	100	3.00
纺织、造纸、皮革	250	88	2.84
被服、皮毛、食品、烟草、肥皂、火柴	241	85	2.84

表 3　企业生产工人工资标准

单位：工资分

企业	一级	二级	三级	四级	五级	六级	七级	八级
北京仪表厂	133	154	178	206	238	275	318	368
天津钢厂	145	172	200	230	262	296	332	380
天津自行车厂	131	154	182	212	243	275	210	355
广州造船厂	132	153	177	206	238	276	320	371
南京汽车制配厂	128	149	173	202	235	274	319	371
芜湖造船厂	129	150	174	202	235	275	317	369
兰州石油机械厂	120	140	163	191	222	260	303	354
天津造纸厂	121	136	154	177	204	240	281	333
津南制革厂	120	139	160	185	214	247	285	

（3）国家机关工作人员由供给制改为工资制。1950 年 7 月，财政部制定了《中央直属各机关一九五〇年度暂行供给标准》，规定把实行供给制的国家机关工作人员的生活费（包括粮食、菜金、煤炭、细粮补贴，鞋袜、棉被补贴，过节费，轻病号补助等项）及其他津贴，一律折米包干供给，分为大、中、小灶三种待遇标准。大灶待遇的，每人每月折米 130 斤，中灶 165 斤，小灶 225 斤。其他如服装、技术津贴、保健费、老年优待费、妇婴费（妇女卫生费、生育费、婴儿保育费、托儿费、保姆费、六至十五岁孩子生活费等），以及住

房、水电、家具等项，照旧供给，即伙食费和津贴单独按大、中、小灶三种标准发给个人自由支配，其他部分仍由公家供给。这是从供给制到工资制的过渡。

2. 第二次工资改革

第一次全国性的工资改革是以各大区为单位进行的，还需要进一步在全国层面统一工资制度。到大规模经济建设时期，由于地区间工人调动频繁，各地区不同的工资标准造成了同工不同酬的问题。1949年到1952年的恢复时期，职工平均工资增长速度快于农民收入增长速度，开始出现农民向城市流动的现象。为此，1953～1955年，没有在全国层面调高工资。这一时期消费品价格上涨，职工实际工资下降。同时，我国生产力有很大发展，物质基础相对丰厚。

根据上述情况，国务院于1956年6月通过了《关于工资改革的决定》，规定此次工资改革的原则是：鉴于全国物价基本稳定，取消工资分制度，实行货币工资制。职工平均工资提高的幅度，根据国家工业和农业的发展情况及当时的政治经济任务来确定，职工的工资水平应与劳动生产率水平相适应，并且要使劳动生产率提高的速度超过职工工资的提高速度。根据国家工业化的政策，提高重工业部门、重点建设地区、高级技术工人和高级科学家、技术人员的工资。

这次工资改革统一了企业工人的工资等级表，以及产业工人的技术等级标准。最高工资与最低工资、熟练工与非熟练工、繁重劳动与轻便劳动、高温工作与常温工作、井下与井上、技术工种与非技术工种的工资差距拉大（以工业门类健全的辽宁地区国营工业企业工人的八级工资制和管理人员工资标准为例，如表4和表5所示）。商业企业业务人员（售货员、保管员、采购员、服务员）按照商业、粮食、外贸、供销合作等部门规定了不同的工资标准。在部门内部，根据业务内容规定了不同的工资标准。地质、铁路、民航、邮电、海运、农林水利的工资标准，分别由相关部门参照制定。

表 4　沈阳市主要产业工人工资标准

单位：元

产业类别	工资等级								适用企业
	一	二	三	四	五	六	七	八	
钢铁冶炼	34.50	40.74	48.13	56.82	67.10	79.25	93.60	110.40	沈阳轧钢厂
电力	34.00	40.05	47.19	55.59	65.48	77.15	90.88	107.10	沈阳电厂
重化工	33.50	39.20	45.86	53.67	62.78	73.47	85.96	100.50	沈阳化工厂
制革	30.50	35.30	40.90	47.40	54.90	63.60	73.70	85.40	中央属制革厂
被服	29.00	33.30	38.30	44.00	50.50	58.10	66.70	76.90	中央及地方属被服厂
粮食加工	28.00	32.60	38.10	44.20	51.50	59.90	70.00	—	地方属碾米厂
建筑安装	33.66	39.95	47.43	56.28	66.82	79.44	94.20	—	中央及地方属建筑企业

表 5　第一机械工业部 1956 年企业生产管理人员职务工资标准

单位：元

序号	职务	工资标准	
		最高	最低
1	正副厂长、总工程师	230	135
2	副总工程师、总设计师、总工艺师、总机械师、总冶炼师、生产长、厂长助理	196	118
3	车间正副主任、正副科长、办公室正副主任	158	90
4	工段长	128	67
5	工程师、技师	158	90
6	经济师	145	90
7	技术员	89	38
8	计划员、会计员、统计员、调度员、监察员、保管员、仓库管理员	110	36
9	练习生	34	28

注：适用企业是沈阳 443 厂、沈阳第一机床厂、沈阳第二机床厂；大连造船公司、大连工矿车辆厂、大连起重机厂、大连机车车辆制造厂；抚顺重型机器厂。

1955 年 1 月，军队干部和国家机关工作人员全部改成工资制。改为工资制以后，工作人员及其家属的一切生活费用均由个人负担。国家机关工作人员的工资制度，共 30 级（见表 6），最高 560 元，最低 18 元，最高工资加上北京地区物价津贴 16% 以后，为 649.6 元，最低 20.88 元，最高是最低的 31.11 倍，是新中国成立以来最大的倍数，也是最高的标准。

表 6　1955 年 7 月实行的国家机关工作人员工资标准

单位：元

<table>
<tr><th>工资</th><th colspan="3">等级</th></tr>
<tr><td>560</td><td rowspan="2">总理、副总理</td><td></td><td></td></tr>
<tr><td>440</td><td></td><td></td></tr>
<tr><td>380</td><td rowspan="2">部长</td><td></td><td></td></tr>
<tr><td>340</td><td rowspan="4">副部长</td><td></td></tr>
<tr><td>300</td><td></td><td></td></tr>
<tr><td>260</td><td></td><td rowspan="3">部长助理</td></tr>
<tr><td>230</td><td rowspan="5">正副司局长</td></tr>
<tr><td>200</td><td></td></tr>
<tr><td>170</td><td rowspan="4">正副处长</td><td></td></tr>
<tr><td>154</td><td></td></tr>
<tr><td>138</td><td rowspan="4">正副科长</td></tr>
<tr><td>96</td><td></td></tr>
<tr><td>86</td><td rowspan="3">科员</td><td></td></tr>
<tr><td>68</td><td></td></tr>
<tr><td>56</td><td></td><td></td></tr>
<tr><td>45</td><td rowspan="2">办事员</td><td></td><td></td></tr>
<tr><td>30</td><td rowspan="2">杂勤人员</td><td></td></tr>
<tr><td>18</td><td></td><td></td></tr>
</table>

3. “大跃进”到“文革”结束时期的工资制度调整

1958～1960年，即“大跃进”时期，国民经济出现了较大的波动。工资和分配制度在供给制和工资制之间摇摆。在“大跃进”运动中，基本建设规模急剧扩大，造成了职工人数大增。仅1958年一年，全国全民所有制单位在职工人数就增加了2000多万人，相当于原有职工的85%。1960年与1957年相比，我国全民所有制单位职工共增加了2593万人，增长了1倍多。

职工人数的急剧增加，引起了工资基金的大突破。工资基金是国家按照计划下达为支付国家机关、企业、事业、社会团体等基层单位全体职工劳动报酬而设置的一种基金，是各单位职工工资的来源。包括按工资标准支付的基础工资、职务工资、工龄津贴、计件工资、保留工资、停工工资，根据国家有关规定属于工资总额范围内的各种奖金、津贴、补贴，以及浮动工资、自费改革工资等。工资基金的总额，应与社会总产品中能够出售给领取工资者的消费资料总量相适应。1960年与1957年相比，全民所有制单位职工工资总额增加了107亿元，增长率为68.6%。由于工资基金增长过快，1958年社会商品购买力超过市场商品可供量，其差额为3.5亿元，1960年，差额扩大到74.8亿元。

1961年，决策层提出了一些理顺关系、调整经济的重大政策措施。同时，对贯彻执行按劳分配原则的必要性的认识，也逐步明确。在实际工作中，取消了供给制、半供给制半工资制，恢复了奖励制度和计件工资制度，并在1963年为职工调高了工资。

“文革”期间，奖金和计件超额工资被平均发给职工，平均主义盛行。结果造成了不管干和不干、干多干少、干好干坏都一样。这严重破坏了按劳分配原则，挫伤了职工群众的劳动积极性，给生产建设带来巨大损失，给人民生活带来极大困难。十年间，工业劳动生产率下降了10%，1976年全民职工年平均工资605元，比1965年还少了47元。

（二）四部门分配关系

探索建立适合中国国情的收入分配制度和关系，一直是党和国家的重要课题。新中国成立以来，我国建立了新的生产关系，主要实行的是高度集中的计划经济的体制，与之配套的按劳分配的社会主义分配制度。分配关系调整的原则是兼顾国家利益、集体利益和个人利益，调整范围主要在政府、国营企业、国营企业职工、集体企业职工、集体企业、农民之间。随着国民经济运行的节奏变化，分配关系也在不断调整。

新中国成立初期，城市通过接收和没收旧资本并进行社会主义改造等办法，基本形成了以国营经济、集体经济为主体的公有制经济。农村通过土地改革、合作化和人民公社化，把家庭经营改造成了“三级所有、队为基础”的集体经济。在这一时期，集体经济收入占比下降幅度较大，从1952年的55%下降到1957年的41%，国营企业收入占比从7%提高到17%，国企职工收入占比从16%提高到26%。

国家、国营企业、职工三者分配关系表现为“国家得大头、企业得中头、个人得小头”。1949～1978年，农村人口占总人口的比重在80%～90%之间，但农村居民收入占国民收入的比重基本保持在40%～50%之间，其余的国民收入分别为政府收入、国营企业收入、国营企业职工收入。平均来看，国营企业收入、国营企业职工收入分别占国民收入的18%、19%，政府收入占国民收入的比重为16%。政府、国营企业、国营企业职工和集体经济的这一分配关系，在不同的时期有一些调整，如表7所示。

表 7　改革开放前主要分配关系：各部门收入占国民收入的份额

单位：%

年份	政府	国营企业	国营企业职工	集体经济
1952	22	7	16	55
1953	17	13	14	56
1954	19	14	18	49
1955	18	13	20	48
1956	14	18	20	47
1957	17	17	26	41
1958	9	25	24	43
1959	10	30	20	40
1960	13	34	18	35
1961	20	16	21	43
1962	25	9	24	42
1963	23	12	24	43
1964	20	14	21	45
1965	19	16	18	48
1966	19	16	16	49
1967	16	13	18	54
1968	15	11	20	55
1969	17	15	19	49
1970	15	19	18	48
1971	16	20	17	47
1972	17	19	17	46
1973	16	19	17	48
1974	14	20	17	50
1975	11	22	17	51
1976	10	22	19	49

续表

年份	政府	国营企业	国营企业职工	集体经济
1977	12	21	20	46
1978	15	22	21	42
1979	13	21	20	46
1980	11	20	19	50
1981	13	17	19	51

资料来源：根据《中国统计年鉴》整理。

“大跃进”期间，国民收入向钢铁等行业倾斜。1960 年与 1957 年相比，国营企业收入占比从 17% 提高到 34%。国营企业职工收入占比从 26% 下降到 18%，集体经济收入占比从 41% 下降到 35%。分配格局巨大的变化带来了一些部门的困难。1961 年，提出了一些理顺关系、调整经济的重大政策措施。比如：调整农、轻、重的比例关系，调整积累和消费的比例关系；调整产业内部的比例关系；在企业中恢复、完善和建立各项合理的规章制度；调整农村人民公社内部的组织形式和结构；调整所有制结构等。1962 年，国营企业收入占比下降到 9%，国民收入重新向民生领域倾斜，居民收入恢复到“大跃进”前的水平。“文革”期间，政府收入占比下降幅度较大，从 1966 年的 19% 下降到 1976 年的 10%；国营企业收入占比和国营企业职工收入占比有所提高；集体经济收入占比稳定。同时，职工实际工资增速远低于人均 GDP 的增速，工人生产积极性不高。

在改革开放前，普通劳动者的报酬是通过工资制和工分制实现的。工资制实行于国营企业、城镇集体企业、机关和事业单位中，工资性收入几乎是城镇居民收入唯一来源；“工分”制实行于农村集体经济中，农村居民收入的主要来源是从集体所得的工分收入。在不同部门、行业和地区间略有差别的工资标准，是国家统一制定的，与企业经营情况关系不大。农产品购销绝大部分是由国家统一决定的，所以，农民的收入受国家计划调节，农民生产积极性也不高。

综合来看，改革开放以前的个人收入分配制度是一种高度集中的计划分配制度。在当时社会背景下，工资分配的实行并没有真正贯彻按劳分配这一基本原则，而是单一型的略有差别的平均分配。如果仅从工资来看，我国的个人收入非常平均化。但从更为宽泛的福利角度来看，住房、秘书、警卫、司机、专车、勤务、保姆、厨师、特供、医疗、教育各个方面的分配，在各阶层之间存在较大差距。从这个意义上说，改革开放前居民收入差距的真实情况可能并不像基尼系数显示的那样小。

三　改革开放以来功能性分配的变化

改革开放以来，一部分人和一部分地区先富了起来。但“先富带动后富”的机制还不健全，力度还不够大。同时，由于资本市场的不完善，居民的资本投资存在较大风险：尽管我国居民有较高的储蓄率，但初次分配的资本收益在转变成居民的财产性收入时极为困难。同时，由于普通劳动者在劳动力市场处于相对弱势地位，工资提高缓慢。

劳动报酬份额是指雇员经济部门中雇员报酬总额占部门增加值的比重。劳动报酬份额越高，劳动者分享经济增长的成果就越多。沿用之前的方法（张车伟、赵文，2015），我们测算出雇员经济部门的劳动报酬份额，如图 1 所示。2001 年以来，劳动报酬份额先降后升。究其原因，中国加入 WTO 参与到全球分工体系的“黄金 10 年里”，在劳动力比较优势下，劳动密集型产业发展迅速，农业部门大量剩余劳动力从农村流向城市，劳动力的供给大于需求，使得实际工资水平持续走低。国民收入分配格局中，收入更多地向资本要素倾斜。

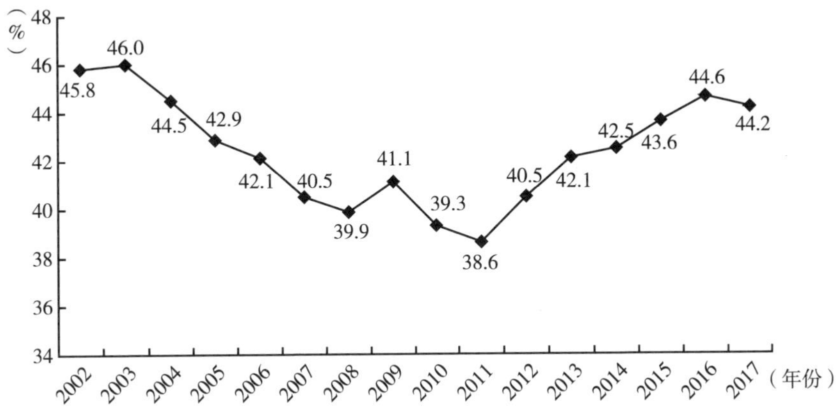

图1　雇员经济部门的劳动报酬份额

资料来源：根据历年《中国统计年鉴》计算。

2012 年以来，劳动报酬份额逐渐回升。2008 年金融危机严重影响了发达国家的贸易支付能力，对我国商品出口产生巨大影响。根据统计数据，2002～2007 年，“三驾马车”中货物和服务净出口对国内生产总值增长的贡献率平均达到 5.5%，甚至在 2006 年一度达到 15.1%，而到 2009 年，受国际金融危机影响，该数值大幅度下降。同期，农村可转移劳动力减少，城市劳动力市场供求渐趋平衡。在内外双重作用下，雇员经济部门的劳动报酬份额从 2011 年的 38.6% 提高到 2016 年的 44.6%。

以雇员工资和人均 GDP 的比值作为实际工资水平来看，实际工资水平略有上升（见图2）。2012 年到 2013 年，雇员实际工资有明显提高，从 0.778 提高到 0.843。2014 年到 2018 年，雇员实际工资下降。城镇单位雇员的实际工资，2012 年到 2016 年持续提高，从 1.17 提高到 1.27，2017 年开始下降。外出农民工实际工资，2008 年到 2015 年持续提高，从 0.62 提高到 0.74，2016 年开始下降。2016 年初，有观点认为“现行的用工制度脱离劳动生产率，工资刚性上涨”，反映的就是这一时期的单位雇员和外出农民工工资水平的变化，对企业部门利润空间的压缩作用。另外，实际社保费率提高也是企业部门压力加重的原因。实际社保费率2002年为8.6%，2017年为17.2%，提高了1倍（见图3）。

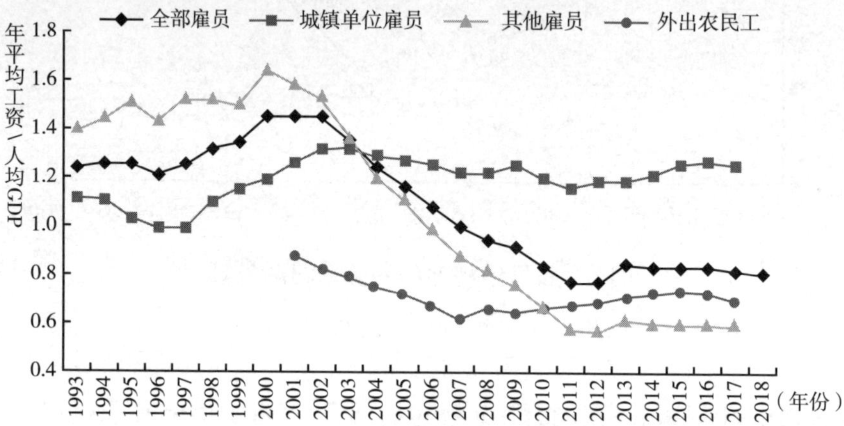

图2　雇员工资水平相对于人均GDP的变化

资料来源：根据历年《中国统计年鉴》计算。

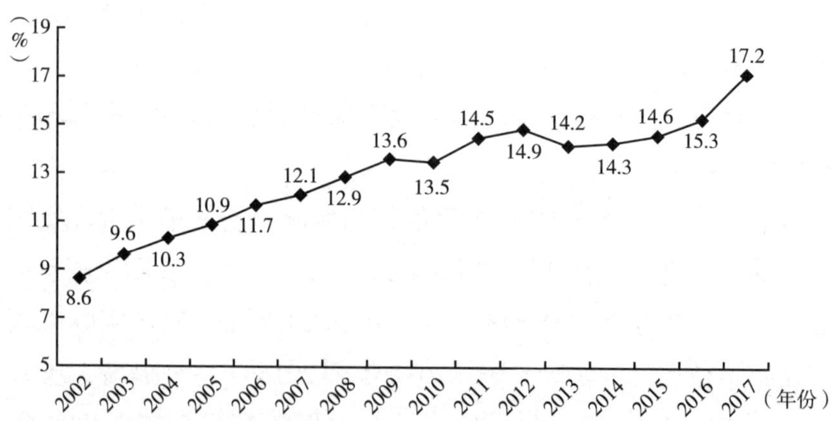

图3　社保费率变化情况

资料来源：根据历年《中国统计年鉴》和相关资料计算。

四　规模性分配的变化：基尼系数真的下降了吗？

根据 OECD 的数据，大多数经济合作与发展组织成员国的基尼系数 2012 年在 0.3 左右。这是一种较为合理的分配格局。根据国家统计局数据，2003 年，我国基尼系数为 0.479，2008 年达到 0.491，基尼系数偏高。基尼系数从 2009 年开始连续 7 年呈现下降态势，2015 年达到 0.462，这也是 2003 年以来的最低点。但是到 2016 年，基尼系数再次提高到 0.465。那么，能否认为我国的收入差距已经出现了趋势性的缩小了呢？我们认为，由于“统计外收入”作为影响基尼系数测算的重要因素并未被考虑在内，还不能认为我国总体的收入差距已经开始趋势性缩小。根据我们的测算，2015 年的统计遗漏率为 19.5%。大量的“统计外收入”意味着我国实际收入差距仍然很大。

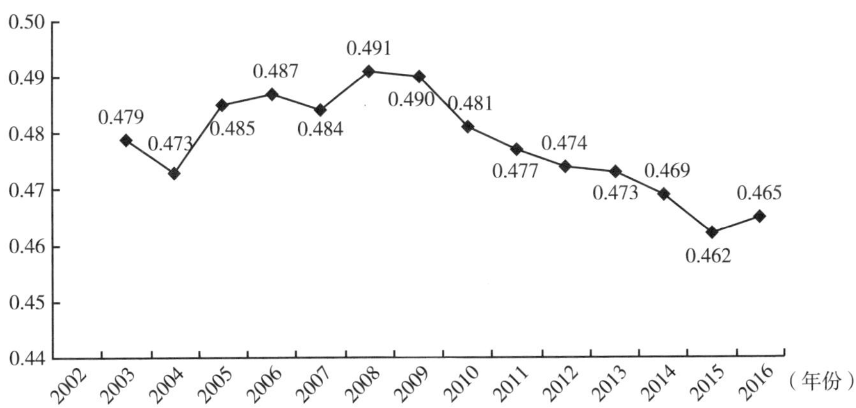

图 4　我国基尼系数

资料来源：国家统计局网站。

“统计外收入”是指难以被常规的住户调查发现的居民收入，是“藏富”行为的结果，其存在一直是社会关注的热点问题（王小鲁，2010；陈宗胜、周云波，2001；李实、罗楚亮，2011；甘犁，2013；白重恩等，2015）。近一个时期，我国城镇化的推进以及中部崛起、乡村振兴、东北振兴等的平衡发展战略使得收入差距扩大的趋势得到一些抑制。但大量的“统计外收入”长期游离于国民收入核算体系边缘，让我们不得不对目前公布的基尼系数的可靠性提出质疑。张车伟和赵文（2018a）利用国家统计局公布的数据测算了我国 1992 年到 2014 年“统计外收入”的规模和结构。根据最新的统计资料推算，2015 年我国统计遗漏率为 19.5%，占全国 GDP 的比重为 10.6%，“统计外收入”的规模为 7.33 万亿元，主要是高收入群体的部分收入（见图 5）。

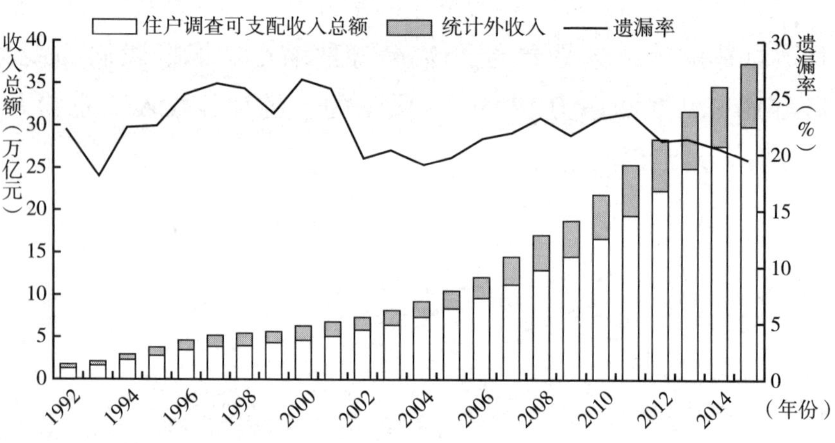

图 5　居民可支配收入总额、“统计外收入”及遗漏率

注：遗漏率是住户调查结果与《资金流量表》结果的差值占《资金流量表》结果的比重。居民可支配收入总额是《资金流量表》核算的结果。

资料来源：根据《中国统计年鉴》计算。

“统计外收入”未必是合法收入，也未必是非法收入。因此，我们在这里不能像对待灰色收入那样去指斥它——它与分配合理与否无关。但是，大量“统计外收入”毕竟是一个客观的现象，它对于我们判断收入分配形势、居民收入增长形势都有着不可避免的影响。因此，我们必须要对它进行估计和监测。考虑到“统计外收入”主要为高收入群体所拥有，2009 年以来基尼系数的下降可能是高收入群体的部分收入被统计遗漏的结果。把“统计外收入”回填到基尼系数测算中后，我国基尼系数提高了约 10 个百分点，基尼系数呈现出高位波动、而非下降的态势（张车伟、赵文，2018b）。

五　对策思考

如何建立合理的收入分配关系，让经济增长更好地惠及国民，一直是我们前进路上的课题。改革开放之前，我国的分配关系主要是国家、国营企业、职工、集体经济之间的关系，重工业和轻工业之间的关系，以及城市和农村之间的关系。改革开放以来，国家、国营企业、职工之间的关系演变为政府、企业、居民之间的分配关系，重工业和轻工业之间的关系演变为国有经济和民营经济之间的分配关系，城市和农村之间的关系演变为城镇原住居民和外来人口之间的分配关系。工资制度改革始终贯穿三类分配关系。

改革开放以来，我国经济发展取得了很大成就，分配方式也几经变革。2017 年 10 月 18 日，习近平同志在十九大报告中强调，中国特色社会主义进入新时代，我国社会主要矛盾已经转化为人民日益增长的美好生活需要和不平衡不充分的发展之间的矛盾。目前，收入分配改革的动力空前高涨，阻力也相应提高。近年来，一部分人和一部分地区先富了起来，城乡和地区之间的收入差距有所缩小。但“先富带动后富”的机制还不健全，力度还不够大，愿望也不够强。其中，功能性分配格局失衡是收入分配不合理的重要原因和源头，普通劳动者的工资水平整体偏低，导致居民收入差距较大。资本市场改革是工资合理增长的关键。未来，需要在初次分配中充分发挥市场的决定性作用，宏观调控政策在长期中代替不了改革。要让各类要素取得相应回报，并加大再分配调节力度，实现全体人民共同富裕。

参考文献

杨奎松：《从供给制到职务等级工资制——新中国建立前后党政人员收入分配制度的演变》，《历史研究》2007 年第 4 期。

张车伟、赵文：《我国劳动报酬份额问题——基于雇员经济与自雇经济的测算与分析》，《中国社会科学》2015 年第 12 期。

王小鲁：《灰色收入与国民收入分配》，《比较》总第 48 辑，中信出版社，2010。

甘犁：《来自中国家庭金融调查的收入差距研究》，《经济资料译丛》2013 年第 4 期。

李实、罗楚亮：《中国收入差距究竟有多大？——对修正样本结构偏差的尝试》，《经济研究》2011 年第 4 期。

白重恩、唐燕华、张琼：《中国隐性收入规模估计——基于扩展消费支出模型及数据的解读》，《经济研究》2015 年第 6 期。

陈宗胜、周云波：《非法非正常收入对居民收入差别的影响及其经济学解释》，《经济研究》2001 年第 4 期。

杨巧、党琳：《虚拟租金核算的收入分配效应研究——基于微观数据的实证》，《统计与信息论坛》2017 年第 9 期。

张车伟、赵文（a）：《“统计外收入”及其对居民收入与经济增长同步性的影响——两种统计口径的对比分析》，《劳动经济研究》2018 年第 1 期。

张车伟、赵文（b）：《“统计外收入”对基尼系数的影响》，《经济学动态》2018 年第 10 期。

UNDP（2018），Human Development Indices and Indicators：2018 Statistical Update，（http：//hdr. undp. org/sites/default/files/2018_ human_ development_ statistical_ update. pdf.）.

G.4

中国农村工业化和城镇化发展：40年城乡劳动力转移

向　晶*

摘　要： 回顾过去40年中国农村劳动力转移过程发现，受不同阶段政策环境的影响，中国农村工业化和城镇化大致可以分为四个阶段：第一阶段，1978～1992年，乡镇企业带动农村非农转移，“离土不离乡”的转移模式带动中国建制镇的扩张；第二阶段，1993～1996年，农村劳动力外迁加速，城市发展开始大跨步；第三阶段，1997～2012年，全球化推进中国城镇化出现跨越式发展；第四阶段，2013年至今，新型城镇化与乡村振兴，“两条腿”迈进，推动农村劳动力非农转移。当前，农业部门仍有2.1亿的就业人员，但农业增加值却只占到GDP的7.9%。持续推动劳动力的非农转移是实现共享式发展、提高经济质量的必经之路。应当积极破除人口流动的制度障碍，优化劳动力配置机制，加快农村非农转移。

关键词： 劳动力转移　城镇化　农村工业化

* 向晶，管理学博士，中国社会科学院人口与劳动经济研究所，助理研究员，主要研究方向：粮食安全、人口转变、收入分配。

一 引言

过去40年，中国经历了历史上最大规模的人口迁移。中国实现了从一个传统的农业经济社会向现代工业社会的巨大转变。大量的农村人口流向城市，为工业化进程提供廉价劳动力，紧随其后的是人口集聚，产业链不断延伸，产业规模和城市空间持续扩大，也加快了城市的建设和发展。到2016年，中国城市数量达到657个，建制镇达20883个，比1978年改革开放之始，分别增长了240.4%和861%。同时，中国城镇常住人口规模也从1978年的1.7亿迅速提高到2017年的8.1亿。由此可见，中国的城镇化发展是城乡人口流动和城乡规划相伴而生的结果。

虽有研究指出，中国的城镇化有部分是城乡规划调整带来的，这导致中国实际城镇化水平和质量不高，然而，乡镇规划的调整也主要是依据其集聚的常住人口密度进行调整。因此，总体而言，中国的城镇化发展最终还是依赖于农村人口向城镇转移，且未来还将持续一段时期。据统计，2017年中国农业部门就业规模为2.1亿，占到全部就业总量的27%，但其产出值只占到GDP总量的7.9%。农业产值和就业规模存在严重的失衡①。这意味着因产业部门劳动效率差距带来的收入差距，仍然是诱导农村劳动力转向非农产业的重要因素；持续推进农村劳动力转移，才是提高农村居民收入水平、实现城乡一体化的关键。

然而，随着农村人口向城镇转移，农村常住人口持续减少，且20世纪90年代末外出务工回乡盖房的热潮已经开始褪去。“凋零的农村”开始引起未来农村发展的担忧。加快乡村振兴和推进城镇化

① 2017年美国农业增加值占GDP的比重只有1.1%，农业从业人口不到总就业的1%。

开始成为争论的焦点。且农村与城镇人口年龄结构出现“倒置”，潜在的可转移劳动力规模只有3000万左右。这意味着未来中国的城镇化进程也许不会像发达国家，走一条“快速城镇化—再逆城镇”的发展道路。整理过去40年中国城乡人口迁移和流动的过程可以看到，农村人口转移是通过农村工业化和城镇化两条腿进行的。前者是通过乡镇企业，推动农村产业化发展，加快实现农村人口向非农经济转移（于立，姜春海，2003）；后者是加快城镇落户以及土地制度改革，促进劳动力和土地资源的跨地区再配置（陆铭，2010）。前者围绕农村本土，不追求片面的城镇化率提升，而是要加快非农产业发展，吸收农村人口；后者则通过取消户籍限制，推动农村人口离土离乡，在城市安居乐业。本文梳理过去40年中国城乡人口迁移的路径和经验，就未来农村工业化和城镇化发展提出可行的政策建议。

二　从农村工业化到城镇化

回顾改革开放至今走过的40个年头，我国经济发展战略经历了从重点发展现代工业，到工业反哺农业，城市反哺农村，再到城乡统筹发展的转变。在这个过程中，乡城人口流动和迁移贯穿始终（蔡昉、王德文，1999）。由于劳动力转移受政策环境的影响，这使得中国的农村工业化和城镇化并没有出现并驾齐驱的局面，反而出现从农村工业化战略向城镇化高速发展的转变，且这一过程呈现出明显的阶段性特征。总体而言，大致可以分为四个阶段：第一阶段，1978～1992年，乡镇企业崛起，非农就业持续加快；第二阶段，1993～1996年，农村劳动力外迁加速，城镇化开始起步；第三阶段，1997～2012年，全球化推进城镇化跨越式发展阶段；第四阶段，2013年至今，新型城镇化与乡村振兴下的农村劳动力再配置阶段。

（一）1978～1992年乡镇企业崛起推动农村非农就业转移

整体而言，1978～1992 年是以乡镇企业飞速发展为主要特征的农村劳动力非农化发展阶段。在这一时期，政府侧重于激活农村劳动力的积极性，而非地域和空间上转移。因此，在这个过程中，农村劳动力只在被允许流动的范围内（乡镇）不断壮大，而流向城市是受限的。这导致此时的城镇化，更多的集中于镇的数量增加，而非城市。据统计，1978 年建制镇的数量为 2173 个，但到 1990 年就增加到 12084 个。而城市的数量却只从 1970 年的 424 个增加到 1990 年的 467 个。

乡镇农村非农人口快速增加与崛起的乡镇企业密切相关。改革开放以前，由于缺乏足够的刺激，劳动力生产低下，资源持续短缺，中央决定推进农村改革。1978 年家庭联产承包责任制激发了农村劳动力的积极性，同时也瓦解了维持传统农村的低水平均衡。农产品产出的增加亟须扩展销路，而政府统购体系有限，1983 年，政府开始允许农民在村附近从事农产品销售、运输等经营活动。1984 年，人口流动管制政策进一步放松，农民可以到附近乡镇企业工作。1985～1992 年，乡镇企业快速发展，展示出了惊人的农村劳动力吸纳能力。据统计，乡镇企业就业人员从 1978 年的 2800 万人提高到 1985 年的 7000 万人，年均增幅达到 21.4%；之后开始猛增，到 1993 年达到 1.23 亿人。

这一阶段的劳动力转移以“离土不离乡”为主，所以城镇化发展的速率不快。主要是因为，乡镇企业展示出了比国有企业更低廉的劳动力成本，且管制较松。这充分暴露国有企业的低效率，也增加国有企业改革的压力。为缓解农村劳动力对城市就业的影响，国家加强了对农村劳动力转移的控制，严格限制当地农民工外出，强调农村剩余劳动力的转移应“离土不离乡”，就地消化、转移、吸收。故而，在没有大幅增加人口跨地区流动的情况下，吸纳大量农村剩余劳动力，主要是以镇的扩张为主。据统计，1988 年农民工数量为 2600 万人，其中跨省流动中有 500 万人，占比为 19%。如果按照人户分离进行流动人口统计，1990 年，流动人口规模只有 3000 万，到 1995 年，这一数值也只有 5600 万。相比较全国 10 亿的人口总量，流动人口占比只有 5.6%。1978～1991 年间，中国城镇人口从 17245 万人增加到 30543 万人，城镇化率从 17.92% 提高到 26.37%，建制镇数量从 2850 个增加到 12152 个，这也确立了中国城市发展的基本格局。

（二）1993～1996年农村劳动力外迁加速，城镇化开始起步

在乡镇企业快速崛起之后，农村外出务工需求日益激增，“民工潮”说明农村就业不充分，也暴露了既有的就业体制不适合当时的经济发展趋势。中共中央意识到“堵”不仅不能解决城乡发展问题，还会导致经济社会发展的畸形。因此，1993 年，党的十四届三中全会通过《中共中央关于建立社会主义市场经济体制若干问题的决定》，首次使用“劳动力市场”这一概念，并提出鼓励和引导农村剩余劳动力逐步向非农产业转移和地区间的有序流动。同年，原劳动部（现为人力资源和社会保障部）印发《劳动部关于建立社会主义市场经济体制时期劳动体制改革总体设想》，指出，废除统包统配的就业政策，形成劳动者自主择业、企业自主用人制度，逐步打破城乡之间、地区之间劳动力流动限制。这拉开了中国城市发展的序幕。据统计，1995 年中国的城市数量达到 640 个，比 1990 年增加了 173 个。

中央政府就农村劳动力转移认识上的调整和转变，促使了 1993～1996 年农村劳动力外出务工的大发展。首先，除乡镇企业外，农村私营和个体户得到迅猛发展。据统计，城镇私营企业和个体户从业人员从 1993 年的 1115.7 万人提高到 1995 年的 2045 万人，农村私营和个体就业人员却从 1990 年的 1604 万人上升到 1995 年的 3525 万人。

其次，农民工流动区域扩大，跨省流动规模大幅度上升。1993 年全国跨省流动的农民工约有 2200 万人，是 1989 年的 3.14 倍，跨省流动比重达到 35.5%，比 1989 年高出 12.5 个百分点。且流动地域向东南沿海省市扩张，这使得广东、浙江、江苏、北京、上海、福建等沿海发达地区成为人口净流入地，而湖北、湖南、四川等中部省份成为人口输出地。最后，农村劳动力转移速度在不断加快，农业从业人员规模开始下滑。1996 年，农民工数量达到 7223 万人，比 1993 年高出 1023 万人，是 1989 年的 2.41 倍。从农村流向城市的劳动力规模从 1993 年的 3064.26 万人提高到 1996 年的 8519.83 万人，年均增幅达到 59.3%，远高于 1978 ~ 1992 年之间的流动人口增幅。

（三）1997 ~ 2012年全球化推进城镇化跨越式发展阶段

1997 ~ 2012 年，随着高等教育扩招，以及国有企业改革的深入。中国的城乡劳动力迁移可以分为两个时期：第一时期，1997 ~ 2002 年，城市优先农村战略。这一时期，为稳定城市发展，保障“下岗潮”中的城市劳动力，中央提出城市优先农村的发展战略。在农民工外出务工需求强劲的挤压下，农民工就业权利和处境开始恶化。第二时期，2003 ~ 2012 年，中国加入 WTO，宏观经济环境向好，城市对劳动力需求非常旺盛，政府放开农村劳动力流动限制，跨区大规模迁移开始深度推进。

1997 年亚洲金融危机爆发，中国国内正处于社会转型和结构调整的关键期。截至 1997 年底，国有集体企业就业人员占全部城镇就业人员的 67%。相比较三资企业，国有企业利润低，生产效率低下，人员负担重。国企通过建立现代化企业制度、转制、下岗等一系列手段，为企业减负。1998 年国有单位职工为 8809 万人，比 1997 年一下子减少了 1957 万人，之后持续下滑，到 2002 年，国有单位职工只有 6924 万人。为解决下岗职工安置问题，城市管理部门（尤其是大城市），在对待农村劳动力的政策上均采取严格控制的态度。各地区城市发布的劳动力招收或管理政策文件，都采取“先城镇，后农村；先非农，后农业；先本市，后外地”的基本原则。

在中国劳动力市场不断走向统一和市场化的背景下，这一系列的措施，导致农民工在城市就业环境不断恶化。但是，这并不影响农村劳动力向城市迁移。1997～2012 年，中国城镇人口增加了 31733 万人，城市化水平从 31.9% 上升到 52.57%。此时，各地政府开始关注城镇功能性发展，城镇化更倾向于人口集中。据统计，城市数量从 2002 年的 656 个减少到 2012 年的 653 个，建制镇从 20601 个下降到 19881 个。单个建制镇所吸纳的农村人口规模远高于 1978～1992 年的水平。

（四）2013年至今，新型城镇化与乡村振兴

2008 年全球金融危机爆发，出现农民工回乡创业的高潮。同时，由于农民工劳动力成本快速上涨，很多沿海产业开始向中西部地区转移。2009～2010 年，从东部沿海出现的局部“民工荒”向全国扩张。2012 年中国劳动力总量达到峰值之后，开始下降。政策制定者和学术界开始意识到，现有的农村劳动力政策、城市化政策等存在缺陷，并对中国长期发展将产生制约。且回乡是农村老龄化背景下，劳动力代际更替的基本选择。要实现高质量的经济增长，就必须实行“农村工业化”和“新型城镇化”两条腿并行的发展模式。在这样的背景下，国务院印发了《国家新型城镇化规划（2014－2020 年）》，并在 2018 年中央一号文件提出“乡村振兴”的发展战略。

2013 年至今，农村劳动力迁移出现内部分化。一是农民工就近流动规模和结构持续上升，省内流动成为流动首选。2012 年外出务工人员中，跨省流动农民工 7647 万人，省内流动人员规模达

8689 万人。2017 年，跨省流动农民工规模为 7675 万人，比 2012 年仅提高 28 万人；而省内流动规模高达 9510 万人，比 2012 年增加了 821 万人。二是农村工业化发展转型，非农就业出现调整。2012 年，农村就业人员中，非农就业人员达到 13829 万人，到 2016 年达到 14679 万人。非农就业人员占农村就业人员的比例从 34.92% 提高到 2016 年的 40.58%。由此可见，城市扩张型的城镇化在放缓，依托乡镇的农村振兴，提高农村非农就业机会，将会是未来发展的重点。

表 1　1970 年以来主要年份城镇数量

单位：个

年份	地级市	市辖区	县级市	城市	镇
1970	79	95	342	424	—
1980	107	458	113	223	2173
1985	163	621	158	324	10717
1990	185	651	279	467	12084
1995	210	706	427	640	17532
2000	259	787	400	663	20312
2005	283	852	374	661	19522
2010	283	853	370	657	19410

注：由于数据缺失，1980 年镇的数量由 1978 年镇的数量代替。

资料来源：根据《新中国 60 年统计资料汇编》和《中国统计年鉴》（历年）计算。

三　未来推进农村劳动力转移面临的挑战

总结城乡迁移的历史进程可以看到：当前正处于城乡统筹发展的关键时期。而从农业部门产出效率来说，必须将 1.47 亿农业就业人员转向非农部门[①]。从城镇化角度来说，户籍阻碍了流动人口在城市获得的公共服务数量和质量。同时，不同等级城市对人口流动和迁移的种种限制，与加快农村人口转移的现实压力，亟须寻求制度上的突破。“十三五”以来，乡村振兴和新型城镇化在推进农村劳动力转移方面，主要着眼于两点：一是加大农村内部转移，通过发展现代化农业，为农民提供更多的非农就业机会；二是加大外部流转的力度，通过深化户籍制度改革，加快农村户籍流动人口的城市融合，实现以人为本的城镇化道路。然而，传统乡镇企业发展缺失、小城镇城市功能有待健全，以及农村劳动力人力资本增速放缓，导致农村人口的内部转移和外部流转进程明显放缓，未来持续推进农村劳动力转移也面临着重大挑战。

（1）离土不离乡的非农化转移现实困境

20 世纪 50 年代中国农村工业发展已经成为我国经济结构中的重要组成部分。改革开放后的 80 年代，以乡镇企业为代表的农村工业部门发展繁荣，形成具有中国特色的三元经济结构（陈吉元、胡必亮，1994）。乡镇企业的发展在推动农民非农化、提高农民收入水平上做出很大的贡献。然而，进入 21 世纪，由于缺乏城市工业的规模经济和集聚效应，农村工业企业在高度竞争的工业品市场上没有竞争优势，乡镇企业开始衰退，农村工业化对缩小城乡差距的作用开始变小（钟宁桦，2011）；在没有可依托的二、三产业发展的情况下，优先发展小城镇来吸纳农村人口的“内销”方式自然遭遇现实发展的困境（董文柱，2003）。

究其原因在于：一是农村企业分散，导致农村工业空间集聚进程缓慢。乡村企业绝大部分散落在农村，80% 个体和私营企业分布在自

① 城乡差距缩小的前提是农业部门就业与部门增加值相匹配。即，该部门就业比重与增加值比重接近。2017 年我国农业就业规模为 2.1 亿，占到就业总量的 27%，而农业增加值占 GDP 的比重不到 8%。这意味其中有 1.47 亿的农业就业人员必须转移到非农部门。

然村，7%的企业在自治村，12%则在乡镇（陆杰华，韩承明，2013）。这种分配格局为农村人口非农化上提供了就近便利，但是也正是这种“遍地开花”式的分布状况，制约了农村工业朝集约方式的发展，同时还带来了农村环境污染的问题。农村工业空间集聚进程缓慢，导致小城镇人口积聚水平不高。20世纪90年代至今，建制镇增加了4000多个，但是10万人以下的小城镇吸纳的人口占全国总人口的比重不到1.32%（2009年），大力发展小城镇，却没有二、三产业提供就业岗位，很难吸收农村转移人口。

二是农业产业经营主体发展不足，农业现代化水平较为落后。分散的小农很难推动农业产业链的延伸，加上农村劳动力老龄化加深，国家出台了一系列鼓励新型农村经营主体发展的政策措施。但是，农民协会、专业合作社或农业龙头企业等经营主体发展的效果不是很理想。据调查，中国有7%的村庄有农民专业协会，其中只有1/3的农民参与，全国只有2%左右的农民参与到合作组织当中（Shen et al.，2006）。而韩日美等国超98%以上的农民加入农业合作社或农民协会。由于农民个体承担农业经营风险，且经济回报低于外出务工，因此，目前农民就地转业的可能性也不高。

三是农业产业链水平不高，缺乏吸纳农村人口的动力。虽然土地流转促进农业规模经营，但农产品深加工、农产品物资运输供应以及农业生产技术服务等农业产业链各环节发展不足，导致农户通过农业生产获取的产品附加值较低。另外，农业自身产业链的发展不足，未能有效地创造就业岗位吸纳农村人口就地转移（胡鞍钢、吴群刚，2001）。

四是乡村过于分散，人口密度过低，难以形成服务业市场。传统的农业社会建立在自给自足的基础之上，其没有大规模分工，也缺乏对服务业的需求。在这样的条件下，广大农户分散而居，农村人口密度低，不会对社会经济发展产生负面影响。随着劳动力和人口大量迁移以及收入水平大幅度提高，特别是人口老龄化和生活质量的不断提高，农村服务市场的潜在需求很大，但分散的居住环境和低下的人口密度导致农村服务业缺乏规模经济、成本过高，无法实现其发展潜力。

（2）户籍城镇化对农民吸引力不足

2014 年发布的国家新型城镇化规划（2014～2020 年）提出提高户籍城镇化率发展目标。到现在为止，户籍城镇化率和常住人口城镇化率之间的差距还没有缩小的趋势。2017 年常住人口城镇化率与户籍城镇化率之间的差距为 16.17 个百分点，比 2010 年 15.78 个百分点的差距略微有所提高。户籍城镇化对农民吸引力不强，有以下几点解释。

一是户籍城镇化会剥夺农民保留土地承包权等利益。一方面，户籍制度具有与身份相联系的公共服务资源。长期以来，农民工难于融入城市的根本原因就在于，非本地户籍造成的制度歧视。但另一方面，附着在农村户籍上面的土地承包权、参与村集体收益分配权、农村宅基地处置等权力，是农民重要的生活保障。这形成了中国特有的农村劳动力转移“钟摆现象”，即先进城务工，后返乡务农（务工）。在新一轮农村发展战略下，附着在农村户籍上的土地权益越得到进一步的保障，农户进城不转户的倾向就越高。一项全国调查显示，只有 11% 的农民工愿意交回承包地实现户籍非农化（张翼，2011）；2012 年重庆对 294 个农民转城镇身份的人口进行调研，也只有 7.82% 的农户在转为非农户籍时交出了承包地（梁萧，2013）。对农民而言，在不对承包地和林地权属进行变更的前提下，提供社会保障和城市公共服务的常住城镇化，才符合他们的利益诉求。

二是农民对中小城镇落户或就近落户的意愿不高。户籍城镇化提升带来城市公共服务资金资源的紧张。越是经济发展水平高的大城市，公共服务价格也越高。从这点来说，鼓励农民落户中小城镇是当前经济发展的一种理性选择。然而，对农民工而言，落户大城市才是更好的选择。全国调查显示，只有20%左右的农民工愿意在户籍所在地中小城镇落户，而愿意在其他小城镇落户的比例也只有10%（张翼，2011）。随着科技进步以及要素流动性的增强，中国经济发展差距逐渐表现为不同等级城市间发展差距的扩大。对农民而言，转变户籍身份获取的社会保障和公共服务，也自然是大城市优于中小城镇；且中国小城镇与乡村之间差距并不明显，将户口转向小城镇得到的城市户口满足感不高。针对重庆地区就近转户的户籍改革调查显示，79.93%的转户农民依然居住在农村而不是城镇，55.1%的转户农民依然从事农业工作（梁萧，2013）。

三是户籍不代表就业。由于工资上升和产品市场竞争双重压力，我国工业化已经迈入不断升级换代加速自动化、智能化阶段，对低端劳动力的吸纳能力相对下降。与此同时，城镇化的发展也导致人口集中、生活节奏加快、通勤时间增加，加上老龄化和家庭规模缩小，对生活服务的有效需求大幅度增加，特别是对养老、护理的需求，可能比在外就餐和速递服务的需求增长更快。但是，低端劳动力市场供求不协调的状况还没有得到充分关注，针对性的政策还不够有力。

四　启示与政策建议

在新的历史发展阶段，有关农村劳动力配置的政策和实施机制是实现转型的重要突破口。改变传统农业生产方式，引进现代农业，将现代工业和服务业作为农村常住劳动力的主要生计来源。同时，传统农村分散式的地域生活方式，转向以现代乡村治理、近似城市社区建设的生活模式，这些都是未来城乡一体化发展的基础。尤其是在农村转移人口潜力不断下滑、农村老龄化程度较高的背景下，片面追求城镇化率来推动经济增长，本身就存在巨大的经济和社会风险。因此，要共同推进以农业现代化发展为基础的农村人口“内销”，以及以人为本城镇化的农村人口外转，实现城乡统筹一体化发展以及国家现代化建设。

（1）推进人口城镇化，剥离户籍关联福利。深入推进户籍制度改革，废除公民民事登记变更制度，改为常住地变更的义务登记制。建立全国统一的人口管理体制，把改革户籍制度和改革公共福利制度相结合，对居民身份证、教育学历、社会保障、纳税、驾照、护照、住房、就业、信用等信息进行整合，建立统一的居民个人信息管理系统，建立覆盖全民的社会保障个人账户，并与居民登记制度相统一；推动不受公民民事登记制度影响的自由择业制度。淡化历史原因造成的城乡二元结构影响。以人口居住登记作为人口公共服务管理的基础，建立常居地人口公共服务管理档案。对农村居民而言，允许农民工在保留农村承包地的情况下落户城镇并享受城镇人口的同等福利，提高他们进城落户的意愿。

（2）完善国民福利顶层设计，改进财税政策，推动县域城乡经济一体化发展。常住人口规模决定一个城市生产能力、消费水平。建议理顺中央、地方的财税关系，由中央政府建立面向全体居民的一体制度框架，向全体国民提供同等的中央层级类的国民福利。地方根据自身发展能力向区域内常住人口提供区域层面的居民福利。建议在县域层面率先构建全体居民一体的制度框架，向县域内全体居民提供同等的居民福利。鼓励农村劳动力在县域内自由流动，推进县域内社会保障制度、劳动力市场制度、教育制度、土地制度、住房等经济社会制度的一体化，统筹城乡发展，推动县域内资源的优化配置。改革县级财政政策，推动县域内城乡一体化发展。通过合理布局县域产业，培育产业集群，以产业集聚带动县域人口集中，增强城镇经济的支撑能力。调整县镇发展的建设用地规划，在县域内优化配置土地资源，主要用于产业集聚发展，向农村劳动力提供有效的住房保障，方便农民就近转移就业。

（3）大力发展城镇生活服务业，提高城市服务发展质量，提高城市就业创造能力。城镇生活服务业的发展应当适应人口年龄结构和家庭结构的变化，适应城镇规模和经济发展带来的市场需求，以满足城市居民不断增长的需要。与此同时，城镇生活服务业的发展必然大幅度增加对低端劳动力的需求，从而为农村尚存的潜在可转移劳动力提供现实的出路。作为新兴的产业，以养老、护理和速递为代表的生活服务业需要不断规范，还应当加大专业培训。建议鼓励高等学校、中等职业学校增设家庭、养老、健康等生活性服务业的相关专业，扩大人才培养规模。鼓励依托各类职业院校、职业技能培训机构，加强实训基地建设，实施从业人员的专项培训。鼓励和规范家庭服务企业以员工制的方式提升管理和服务，实行统一标准、统一培训、统一管理。此外，改善全民消费环境，要推动生活性服务业企业信用信息共享，要实行联合惩戒，逐步以诚信为核心的生活性服务业监管制度。要完善日用消费品等质量监督检查制度，建立健全网络商品和服务的质量担保、损害赔偿、风险监控、网上抽查、源头追溯、属地查处、信用管理等制度。要依法查处垄断和不正当竞争行为，严厉打击居民消费领域的乱涨价、乱收费、价格欺诈、制造假冒伪劣产品等违法犯罪行为，创造一个良好的消费环境。要继续加大养老、健康、家庭等生活服务业用地政策的落实力度。

（4）推进农业企业化经营，推进农业现代化进程。完善土地质押融资制度，鼓励农民采用要素入股的形式，组成合作社或协会等。科学编制乡镇建设规划，合理调整村镇建设空间布局，实现集约、节约用地，推动宅基地整理和居民点的优化。建立现代化组织管理方式，明晰产权，推进产供销一体化的产业链形成，为农民提供更多就地参与非农工作的机会。扶持乡镇企业农产品加工园区、科技园区、生态园区等产业园区建设和发展，推动乡镇企业集聚式发展。对乡镇企业的集聚式发展给予税收、信贷、融资等政策支持，深化大农业专业化分工，推动农业产业化。合理布局城镇和产业体系，形成大中小城市合理分工、协调发展的城镇空间格局，按照主体功能区划的要求，明确县城和城镇的产业定位，提高城镇综合承载能力，促进产业在区域内合理分工，推动专业化城镇体系的形成。

（5）结合乡村振兴战略的实施推进乡村的融合。无论是公共服务还是市场化的服务，与定居点位置、规模相关的市场规模都是决定成本和效率的重要因素。没有一定的规模就不可能产生劳动分工，既不能提供就业和收入，也不能满足潜在需求，因而乡村服务业的发展必然依赖乡村规模的扩大。实际上，在城镇化不断向前推进的大背景下，乡村劳动力和人口不断减少，实现振兴乡村的战略本身也需要乡村的合并、融合，才能为不断减少的农村人口提供充分的就业机会和良好的生活环境，以及更多、更好的公共服务和市场服务。

参考文献

蔡昉：《破解农村剩余劳动力之谜》，《中国人口科学》2007 年第 2 期。

陈吉元、胡必亮：《中国的三元经济结构与农业剩余劳动力转移》，《经济研究》1994 年第 4 期。

董文柱：《我国农村劳动力转移途径的再思考》，《中国农村经济》2003 年第 9 期。

胡鞍钢、吴群刚：《农业企业化：中国农村现代化的重要途径》，《农业经济问题》2001 第 1 期。

梁潇：《户籍制度改革“半城镇化之痛”的现状、问题及法律对策——来自重庆“一圈两翼”地区 294 户农民的调查》，《社科纵横》2013 第 4 期。

陆杰华、韩承明：《论小城镇与我国的城镇化发展道路》，《中国特色社会主义研究》2013 年第 1 期。

陆铭：《建设用地指标可交易：城乡和区域统筹发展的突破口》，《国际经济评论》2010 年第 2 期。

于立、姜春海：《中国乡镇企业吸纳劳动就业的实证分析》，《管理世界》2003 年第 3 期。

张翼：《农民工“进城落户”意愿与中国近期城镇化道路的选择》，《中国人口科学》2011 年第 2 期。

钟宁桦：《农村工业化还能走多远?》，《经济研究》2011 年第 1 期。

展望：新时代新工作

Prospects: New Work in the New Era

G.5

中国新就业形态的就业质量研究：以滴滴出行平台为例

张成刚*

摘　要： 本研究构建了新就业形态就业质量评价指标体系，并以滴滴平台工作作为案例，分别从宏观、平台、微观三个层面对滴滴平台工作的就业质量做出评价，总结了新就业形态就业质量的特点，并提出相应政策建议。报告显示，滴滴平台创造了3066万个灵活就业机会，对提升劳动生产率、降低失业率作用显著。新就业形态的收入水平、收入稳定性等均优于传统非正规就业，甚至部分指标水平高于传统正规就业。新就业形态将

* 张成刚，经济学博士，首都经济贸易大学劳动经济学院，助理教授，主要研究方向：劳动力市场、共享经济。

成为解决我国就业问题，提升社会就业质量的重要途径。

关键字： 新就业形态 就业质量 滴滴出行

一 引言

党的十九大报告指出，“就业是最大的民生”“要坚持就业优先战略和积极就业政策，实现更高质量和更充分就业”。与“十三五”规划中“实现比较充分和高质量就业”的表述相比较，十九大报告将更高质量就业放在了更加突出的位置，体现出全面提升就业质量、加强就业质量研究将是就业工作的重中之重。

就业有“多少”和就业有“多好”是摆在政策制定者面前同等重要的两个问题。前者即就业数量的问题。就业数量既是经济增长的目标，也是社会稳定的重要因素。后者即就业质量的问题。就业质量不仅是个人及家庭福祉的重要决定因素，同时也是更高的劳动参与率、生产率和更好的经济表现的驱动力（Cazes et al.，2015）。世界民意调查中，获得一份“好”工作是全世界人共同的心愿（Clifton，2011）。

过去5年间，新就业形态在我国快速发展，并成为我国就业增长的重要来源。可以预见，在未来很长的一段时间内，新就业形态将成为我国劳动力市场未来发展的重要趋势。新就业形态的出现，对改善就业质量工作提出了新要求。就业质量的改善，不仅包括传统意义的正规就业、非正规就业，更要关注新就业形态的就业质量。

评价新就业形态的就业质量，可以帮助评估在我国经济转型过程中劳动力市场的发展质量。新就业形态创造的工作是否在质量上优于被新就业形态取代的工作，对于判断经济转型过程中劳动者的福利变化有重要意义。同时，作为第四次工业革命的产物，新就业形态被认为包含新的社会组织形态。评价新就业形态的就业质量，扩大对工作的分析，考虑除了就业总量或收入结构之外的其他方面的变化，可以帮助我们理解这种变化的本质，并解决现实中的复杂问题。同时，就业质量与生产率和经济增长直接相关，评价新就业形态的就业质量可以帮助理解新就业形态是否有利于促进经济增长。

二 文献综述

从 20 世纪 70 年代开始，西方发达经济体，如美国、欧盟成员国开始探讨超越单纯数量意义的就业概念，即劳动者从就业中所获得的全面的效用和价值，也就是我们所探讨的就业质量。国际劳工组织也于 1999 年从体面劳动的角度提出就业质量的概念，其含义是劳动者在自由、平等、保证安全和个人尊严的前提下，获得体面、高效工作的机会。可以说，这一概念更多地聚焦于劳动者在工作中应该享有的基本权利和机会，这些权利和机会是每个劳动者获得体面的、生产性的可持续工作的核心标准。

从 2005 年开始，经联合国欧洲经济委员会（UNECE）协调，欧盟委员会、欧洲基金会一致同意就建立一个统一的“就业质量”指标体系开展研究工作。2010 年，这一指标体系编制完成，并发布了加拿大、芬兰、法国、德国、以色列、意大利、墨西哥、摩尔多瓦、乌克兰九个国家的就业质量国别报告。

概括起来看，国外学者和国际组织对就业质量问题的研究主要集中在以下两个方面：一是把重点放在工作质量上，侧重于已就业劳动者的岗位工作特征、劳动者与工作的匹配、劳动者对就业质量的主观评价等维度，其具体指标包括（欧盟就业质量标准）：（1）就业安全与规范；（2）劳动报酬；（3）工作时间与工作生活平衡度；（4）工作稳定性及社会保障；（5）协调谈判机制；（6）技能培训；（7）员工关系与工作动机。二是关注对一个国家、地区、经济体就业质量的整体性评价，从其代表的劳动力就业状态角度考虑，就业质量是指一种不仅充分就业而且高质量工作的状态，更强调经济发展、就业和社会政策之间的协调关系。具体指标包括劳动力参与率、就业率、劳动生产率、就业与产业结构的吻合程度等。现有的研究中所认为的，对就业质量的讨论难以转化为政策实践的困难在于，第一，定义和测量就业质量困难；第二，就业质量是一个内在的多维度的概念，可以从不同的角度进行测量（Cazes et al.，2015）。

自国际劳工组织提出了体面劳动概念之后，我国的一些学者、研究机构和高校也对就业质量问题进行了相关研究。近期的研究侧重于采用定量研究的方法对我国就业质量问题展开经验研究。由于进行经验研究需要通过建立就业质量评价指标来实现，因此几乎所有的研究都无一例外地对指标的构成进行了详细的讨论。大多数文献都将就业率、供需比、工作的稳定性、劳动收入、社会保障、劳动关系和就业满意度等纳入就业质量指标评价体系。同时，也有文献认为需要关注国家层次指标和区域性指标、就业结构和用人单位满意度。赖德胜等（2011）构建了一个包括6个维度指标、20个二级指标和50个三级指标的就业质量评价指标体系，并使用主成分分析法进行了测算，从多角度考量了中国各地区就业质量的总体情况和相对高低，并就测算结果进行了总体评价。总之，国内学者认为，在选择制订衡量我国就业质量评估指标体系时，应在借鉴国际经验的基础上，坚持从我国现阶段经济社会发展的特点出发，针对我国当前就业质量方面存在的突出问题和主要矛盾，设计出既能科学地测量出就业质量的现实水平，又能切实促进就业质量不断改进和提升的一套简便易行的指标体系。

已有的国内外文献为本研究构建新就业形态的就业质量指标体系

提供了借鉴。但由于新就业形态是新生事物，以往的研究中还缺乏对新就业形态就业质量的讨论。因此，本研究尝试构建了新就业形态就业质量的指标体系，并运用该指标体系对我国新就业形态的典型代表——滴滴出行平台的工作进行了测量。

三　数据与方法

为确保准确把握当前滴滴出行平台工作的就业状况，本研究资料来源采取问卷调查和大数据相结合的方式。课题组进行了问卷设计和问卷调查，并于2017年3月进行发放。问卷调研对象为滴滴平台的专车和快车车主。抽样方式为：在全国各省抽取单量排名中上、中下城市各1~2个，随机选取当地活跃司机[①]总量的30%发放。问卷通过手机短信方式发放，回收有效问卷13213份。同时，对样本司机的后台工作数据进行了相应的匹配，补充了样本司机工作行为方面的准确数据，包括工作时长、接单量、运行里程、工作收入等变量。

本文主要采用单案例的研究方法，以滴滴出行平台作为案例研究对象。研究“做什么”和“如何做”用案例研究方法更适合（Walsham，1995），用案例获得对现象及其本质更全面、整体的观点。本文从中国平台型就业的代表滴滴平台入手，深入理解剖析新就业形态的就业质量。

本文以滴滴出行平台作为研究对象，主要是因为：一是滴滴出行平台目前已经聚集了3066万名在平台获得过收入的从业者，是国内也是世界范围内就业规模最大的平台之一，并在国内移动出行市场中占据绝对领先份额（艾瑞咨询，2016；中国新就业形态研究中心、首都经济贸易大学劳动经济学院课题组，2018）。二是与滴滴出行同

① “活跃司机”指代在2017年1~6月之间，在平台有过接单记录的司机。

属于移动出行行业的 Uber，是目前世界范围内分享经济、平台经济的代表。滴滴出行平台的就业特征与 Uber 相似，可以代表平台型就业。三是滴滴出行是中国分享经济的代表性企业，可以作为中国情景化的体现。

四　研究结果

本论文通过探索性研究，构建了新就业形态的就业质量指标体系。该体系完整地反映了新就业形态就业质量不同层面的各个维度的内容。本论文同时根据专家打分意见，划分了新就业形态就业质量不同维度的重要性。在本论文中，对排名靠前的就业质量维度进行了实际评价。

（一）新就业形态就业质量体系构建

课题组通过大量前期研究、实地调研、文献研究等探索性研究，了解新就业形态就业质量的特征与表现，并通过 2 轮德尔菲法（专家打分法）构建了新就业形态就业质量的指标体系。打分专家由来自于就业质量和新就业形态领域的学者、政府管理部门、工会组织、平台劳动者、平台运营管理者、租赁公司管理者等 20 位专家组成。打分过程全部通过邮件或微信联系，避免专家相互影响。课题组对就业质量指标进行了详细定义及解读，保证专家对指标体系充分认知。

总体上看，就业质量包含宏观、中观、微观三个层面。宏观层面反映新就业形态对地区、城市劳动力市场的重要影响。中观层面主要反映新就业形态对劳动力资源的组织能力、对平台从业者的服务能力和保障能力。微观层面主要聚焦从业者在平台从业所获得的经济收益、社会收益、精神状态和心理收益等。具体指标评价及衡量体系如下表。

表 1　新就业形态就业质量的指标体系

层面	一级维度	定义	权重
宏观层面（10%）	工作机会的公平性	社会各群体获得该工作的公平性	46.5%
	劳动生产率提升	该工作是否提升从业者在单位时间内的产出量	31.8%
	降低失业率	该工作机会是否有利于降低地区失业率	21.7%
中观层面（33%）	工作进入和退出的灵活性	从业者是否可以根据自己的意愿自主进入和退出平台	25.4%
	工作安全保障	平台是否为从业者提供必要的工作安全保障措施	22.7%
	工作分配的公平性	平台对从业者分配工作的公平性	19.0%
	平台工作匹配效率	平台连接从业者与消费者，并进行恰当匹配的效率	16.7%
	平台服务质量	平台为从业者更好地完成工作所提供的各类便利和资源	16.2%
微观层面（57%）	工作时间的灵活性	从业者在平台根据自我意愿安排工作时间的程度	14.4%
	工作环境	工作中影响从业者身心健康的外部环境	14.1%
	收入水平	从业者单位时间内获得的总收入	12.5%
	收入稳定性	从业者在平台的单位时间收入相对稳定	11.2%
	社会保险保障	从业者是否享受相应的社会保险	9.6%
	自身偏好满足程度	从业者的工作可以满足个人喜好，实现自我	8.9%
	参与决策权利	从业者参与平台相关决策的权利与机会是否足够	8.1%
	工作的自主性	从业者可以自主安排工作任务和完成工作的方法	7.5%
	日工作时间的长度	从业者每天在平台的服务时间	6.9%
	工作的稳定性	从业者是否可以持续在平台工作	6.9%

（二）滴滴平台就业质量评价

1. 宏观层面

（1）新就业形态提高了工作机会的公平性

新业态创造了极大的岗位增量，网约车新业态创造的工作机会量级大，以市场需求为导向，无总量上限。滴滴平台创造就业总量呈现指数式上升，为社会提供了大量的就业机会。2017 年 6 月至 2018 年 6 月，共有 3066 万人（含专车、快车、顺风车、代驾、豪华车司机和车主）在滴滴平台获得收入。高质量的新就业形态成为越来越多人的就业选择，也成为他们维持生计、补贴家用、改善生活的重要收入来源。

新就业形态工作机会的公平性高于传统工作。在保障安全性和服务质量的前提下，工作机会可以对更广泛的群体开放，体现了该类工作机会的公平性。本研究分别从技能要求、身份要求、车辆要求等方面衡量一项工作的开放程度。

技能方面，如图 1 所示，78% 的平台车主认为新就业形态技能容易掌握。

身份、车辆限制方面，网约车为保障司乘良好的体验，对从业者基本技能、身份背景、车辆进行要求，并对车主、车辆有清晰、明确要求。分析可知，尽管滴滴平台对车主的身份及车辆有清晰规定，且进行相对严格的背景审查，但主要是出于司乘安全考虑，并未因车主身份等其他因素而损害工作机会的公平性，其开放程度远高于传统工作。

但随着网约车监管政策的不断落地，一些地方政府出台的网约车实施管理细则中对网约车工作人员和车辆设置了严格的标准，如以户籍、车牌归属地等作为从业者进入网约车平台的限制条件。部分城市

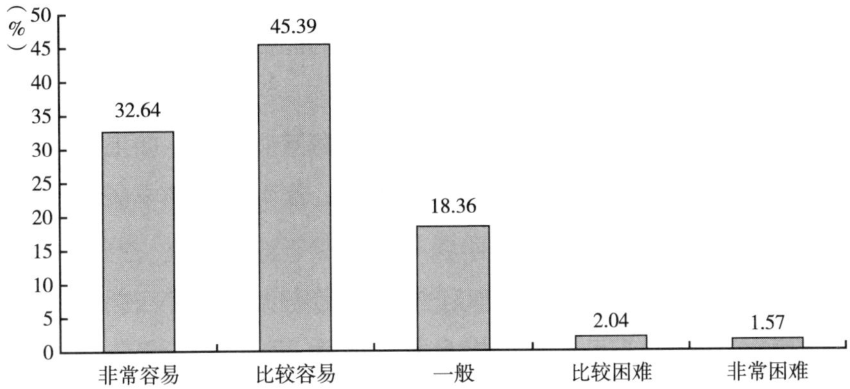

图 1　网约车工作的技能是否容易掌握

的标准由于过于严格导致了公平竞争审查[①]。网约车实施细则对从业人员身份和车辆的限制条件筑起一道阻碍新就业形态发展的高墙，极大地增加了从业者加入平台的成本，也降低了网约车工作机会的公平性。

（2）新就业形态可以提高劳动生产率

劳动生产率指从业者单位时间创造的价值产出，即价值产出除以工作时间。从低生产率的岗位进入高生产率的岗位，是从业者增加收入的基础。

滴滴平台极大提高了出行行业的劳动生产率。本研究以消费者完成订单应付金额表示平台车主创造的服务价值，分别计算计费时长[②]、服务时长[③]、在线时长[④]三种时间投入情况下，平台车主单位

① 2017 年，国家发改委价格监督和反垄断局介入地方网约车细则涉嫌滥用行政权力排除限制竞争调查，兰州、泉州两市在经过公平竞争审查后已经修改各自城市的网约车实施细则，取消了部分苛刻的准入条件。

② 计费时长：即平台车主从接到乘客计费开始到完成订单的时间长度。

③ 服务时长：包括计费时长和接驾时长，即平台车主从接单开始到完成订单的时间长度。

④ 在线时长：包括服务时长和待命时间，即平台车主打开滴滴车主端等待接单的全部时长。

时间的服务价值产出，得到三种滴滴平台车主的劳动生产率。专车、快车车主每小时的服务价值存在差异。专车司机的劳动生产率更高。

与任何私乘服务一样，工作时间中存在待命时间。如果只计算服务时间内的单位产出，可能高估该职业的劳动生产率。本研究也计算了包含待命时间内的劳动生产率。

参考《广州市 2017 年人力资源市场工资指导价位》，广州市“道路汽车客运驾驶员”的平均小时工资为 30 元。滴滴平台从业者包括待命时间在内的平均劳动生产率，高于 2017 年广州市“道路汽车客运驾驶员”的平均小时工资（30 元/小时），专车司机包括待命时间在内的平均劳动生产率高于广州市“道路汽车客运驾驶员”最高小时工资水平（41.16 元/小时）。

经过对比发现，即使考虑待命时间在内，滴滴平台全国范围内从业者劳动生产率也高于广州市同类职业的劳动生产率。

2. 平台层面

（1）新就业形态的从业者可以根据自己的意愿和实际情况自由进出平台，且不受任何损失，工作安排灵活性较高。

从业者是否可以根据自己的意愿自由进入或退出平台，是平台层面新就业形态就业质量最重要的体现。传统就业模式中，如果劳动者因个人原因无法按照雇主要求，在规定时间内到达规定地点工作，可能会面临经济上的惩罚甚至被解雇的风险。传统就业中严格的工作时间限制、缺乏弹性的工作安排，无法协调一些劳动者需要照顾家庭、需要平衡工作与生活的需求。

滴滴平台上，从业者可以根据自己的意愿和实际情况决定是否以及何时进入平台、退出平台，并且不会担心自由安排工作时间而受到类似传统就业中可能遭受的损失。本研究中，88% 的从业者同意能够自由决策是否开展工作以及如何工作。

（2）平台企业探索实现从业者的职业安全保障。

安全保障是指平台是否为从业者提供必要的安全保障措施。平台从业者的安全、健康等问题既是政府与社会关心的问题，也是新经济企业最关心的问题①。随着科技进步，以科技创新为驱动，通过技术手段保障从业者安全是新就业形态中保障从业者的新特征。在本案例中，滴滴平台通过安全保障机制、全覆盖保障保险和高科技保障手段三方面保障车主职业安全。

滴滴平台借鉴国内保险行业理赔、互联网支付等保障体系的先进经验，结合平台特点，建立了“应急响应、垫付救援、住院探望、主动保障、人道救援、公益帮扶”六大安全保障机制，为平台车主提供更加安全、可靠的意外风险保障。

滴滴平台使用全覆盖的保障保险，为平台从业者提供人身安全保障。表2详细列出了滴滴出行为平台车主购买的各类型商业保险，涵盖了车主在工作过程中可能出现的各种意外情况。

表2　滴滴出行平台为车主提供的险种及保额

险种	保额
意外死亡、伤残	保额120万元，超出保额部分平台承担补充责任，无金额上限
意外伤害、医疗	保额50万元，超出保额部分平台承担补充责任，无金额上限
责任的财产损失	财产保额1万元，超出保额部分平台承担补充责任，无金额上限
司机猝死公益帮扶	订单服务中猝死，平台帮扶20万元

同时，滴滴平台使用高科技手段不断创新，解决疲劳驾驶、安全防护缺乏等出行行业固有的顽疾。滴滴出行研发应用疲劳驾驶干预功能，线上统计司机接驾服务时长，到达一定时长后通过端内提醒、强

① 滴滴出行秉承“安全第一、体验第二、效率第三”的发展战略。

制下线的方式中断系统派单，为司机留出休息调整时间，系统性地降低了平台运力的疲劳驾驶风险。

平台通过数字化培训系统，帮助司机提升技能。百川平台[①]是滴滴自主研发的司机线上教育、培训系统。平台定期向司机推送服务规范和安全驾驶知识，提升司机交通安全素质意识和行为习惯。百川平台自上线以来，已累积触达1.2亿人次。

3. 微观层面

（1）平台从业者可以根据自我意愿安排工作时间。自主时间劳动是新就业形态的典型特征。

工作时间的灵活性指从业者在平台根据自我意愿安排工作时间的程度。工作时间的灵活性高意味着劳动者个体能够自行安排工作计划，自行决定自己的工作计划、节奏和投入程度。已有大量研究证明更高的工作时间灵活性，有利于产生更强的工作动机和工作热情。

滴滴平台从业者利用闲暇时间从事新就业，弹性大、自主性高。平台数据显示，2012年至今，仅在周六、日接单的平台从业者占比就达到10%，这些从业者利用闲暇时间兼职从事新就业，工作时间弹性大、自主性高，新就业形态激发了人们工作、生活热情。

滴滴平台从业者可以根据自我意愿自主决定工作计划、节奏和投入程度。平台工作有高度灵活性，提升了从业者的工作动机和工作热情。多增加一些收入（21.6%）、时间更自由（20.6%）成为网约车从业者最为看重的因素。分人群来看，女性从业者在早晨7~9点，下午5点以后的供给比例明显低于男性。这是因为部分女性从业者在这一阶段需要回归家庭接送孩子或在家做饭。因此，时间上的自由成为女性从事网约车最主要的工作动机。

（2）滴滴平台重视平台车主工作安全，交通与人身安全环境均

① 滴滴车主端显示为：滴滴课堂。

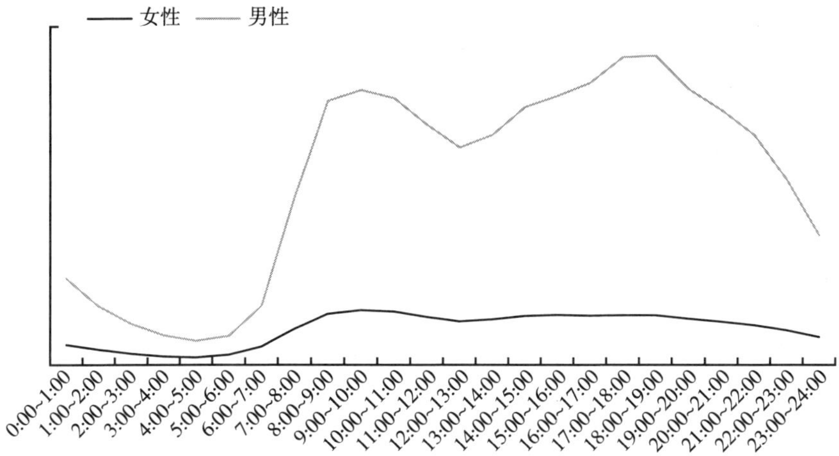

图2　滴滴平台2017年11月某工作日男性女性车主在线数量对比

优于传统出租车行业。

网约车的工作环境主要涉及对平台车主安全和健康的影响。滴滴平台高度重视出行安全责任，在交通安全、人身安全、健康方面采取多项措施提升从业者工作环境的安全性。

交通安全方面，除了使用科技手段防范安全事故外，滴滴平台开展了大量安全宣传教育，防范疲劳驾驶，提升礼让斑马线意识。2016年，滴滴平台每百万单交通事故死亡率和每亿公里交通事故死亡率比传统出租车行业降低了40%。2017年，通过互联网大数据手段统计，滴滴平台交通事故率同比降低21%，安全水平进一步提升。

人身安全方面，借助互联网大数据手段，滴滴平台可以记录每笔订单的详细出行信息，确保全程可追溯。目前，公安机关对滴滴平台内重大刑事案件保持了100%破案率，对不法分子形成了有力震慑。

健康发展方面，平台设置了10小时服务时长限制，一方面防止疲劳驾驶，另一方面也可以防止长时间工作对平台车主健康导致的损害。专为司机提供的免费体检项目已经在一些城市推广实行。为实现滴滴平台与司机的利益共享和成果共享，滴滴平台启动网约车车主健康行动，倡议网约车司机健康生活；并为车主和司机量身打造健康运动计划。此外，滴滴平台还设立了互助基金，自 2016 年 9 月成立以来，共帮助了 136 个困难司机家庭。

（3）新就业形态的收入水平较高。

较高的收入既是新就业从业者的目的，也是就业质量高的重要衡量标准。滴滴平台车主平均月收入为 1979 元，其中包括大量工作时间较短、以尝试为主的兼职车主。如果按照传统就业的正常工作日计算，即每天工作 8 小时，每个月工作 21.75 天，滴滴平台全国平均月工资为 6438 元，高于北京市“汽车驾驶员”职业的月工资中位数 5600.5 元，高于广州市“道路汽车客运驾驶员”的平均月工资 5220 元。单独分析北京、广州两个城市滴滴平台车主收入，平均月收入水平也远高于北京市“汽车驾驶员”和广州市“道路汽车客运驾驶员”的平均月工资。滴滴平台车主全国平均月工资高于一线城市的客运驾驶员月工资水平。

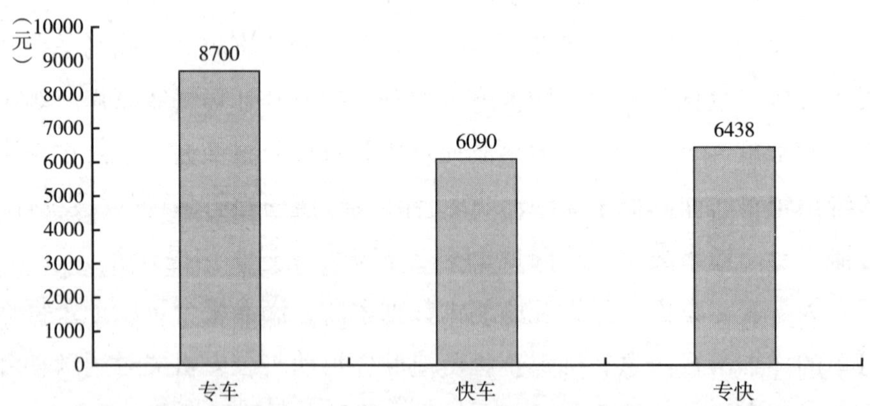

图 3　全国滴滴平台车主平均月收入*

* 每天工作 8 小时，每月工作 21.75 天，即每月工作 174 小时及以上的司机月均收入。

五　结论

通过对滴滴平台工作进行就业质量的测量，可以发现新就业形态的就业质量要强于传统非正规就业的就业质量，并且在个别指标要强于传统正规就业的就业质量。本研究从宏观、中观（平台）、微观三个层面测量了滴滴平台的就业质量。

宏观层面指标反映了新就业形态的公共属性。除了对劳动者个人的就业、收入产生影响外，新就业形态的运行状况对经济、社会层面也产生了重要影响。近年来，我国经济增速减缓，但就业规模一直保持较高增速，与新就业形态规模、范围不断增长与扩展密不可分。以网约车为代表的新就业形态增加了劳动者的工作机会，提升了劳动生产率，改善了经济、社会的运行质量。

平台层面就业质量的指标，体现了平台企业的社会责任与提升就业质量的内在动力与能力。平台企业对改善就业质量的探索，对于传统就业模式有借鉴意义。一些传统就业模式中难以解决的问题，平台企业正在采用各种措施尝试解决。例如，上文提到的判责系统，即使在传统的出租车行业中，责任判定也是双方各执一词，难以明确判断。尽管如此，滴滴平台仍勇于承担责任处理这一难题，其采用大数据的手段为解决该难题提供了新视角和新思路。

微观层面的就业质量，既是平台从业者切身利益所在，也是平台企业努力改善的焦点。新就业形态在工作时间灵活性、工作满足自身偏好、工作自主性方面与传统就业差异较大，平台上每个劳动者都是自由的个体，可以按照自主意愿安排工作。新就业形态的收入水平、工作环境、收入稳定性、工作稳定性等均优于传统非正规就业，甚至部分指标水平高于传统正规就业。目前滴滴平台正在探索适合新就业形态的医疗保险，努力提升从业者参与平台决策程度。滴滴平台提高了平台从业者获得感、幸福感和安全感，符合未来我国高质量就业的发展方向。

综上所述，政府应大力支持新就业形态的发展，对新就业形态的监管应坚持“鼓励创新、包容审慎”的原则，发挥新就业形态在现代经济体系建设中的战略作用，调整和适应新就业形态特点，允许平台企业尝试新业态，发挥新就业形态扩大就业规模、改善低技能从业者就业质量的作用。

参考文献

Cazes S.，Hijzen A.，Saint-Martin A.，Measuring and Assessing Job Quality［J］. 2015.

Clifton J.，Coming Jobs War［M］. Simon and Schuster，2011.

Walsham，G.，Interpretive Case Studies in IS Research：Nature and Method［J］. *European Journal of Information Systems*，1995，4（2）.

艾瑞咨询：《2016 年中国移动端出行服务市场研究报告》，2016。

赖德胜、苏丽锋、孟大虎等：《中国各地区就业质量测算与评价》，《经济理论与经济管理》2011 年第 V（11）期。

首都经济贸易大学劳动经济学院课题组：《2017 移动出行去产能就业帮扶报告》，2017。

中国新就业形态研究中心、首都经济贸易大学劳动经济学院课题组：《新就业，高质量：中国新就业形态就业质量研究报告——以滴滴平台为例》，2018。

G.6

互联网使用是否增加了劳动者收入?

李 飚*

摘 要: 互联网的发展不仅会对劳动力市场格局产生重大影响，也对劳动者的就业能力、收入水平等产生影响。本文使用中国综合社会调查（CGSS）2013 年的数据对互联网使用是否会影响个体工资进行实证分析，分别使用 OLS 回归、Heckman 两阶段模型和 QR 回归分析样本总体、不同收入群体、不同技能群体的特征。研究发现：第一，个体有互联网使用行为可以使个体年劳动收入增加 46.52%；第二，互联网使用对中低收入人群有显著影响，对高收入人群没有显著影响。具体来说，使用互联网让处在 25% 和 50% 分位数上的就业者的年劳动收入分别提高了 11950.23 和 8371.39 元；第三，使用互联网的中高技能劳动者收入提高了 83.39%，远高于总体样本回归结果，使用互联网对低技能劳动者收入水平没有显著影响。

关键词: 互联网 就业极化 高技能劳动者

---

* 李飚，管理学博士，郑州大学商学院，讲师，主要研究方向：创新经济、人力资本回报。

一 引言

随着一代代互联网技术的革新，互联网的角色发生了重大变化。施瓦布（2016）明确指出当前的第四次工业革命是基于数字革命发展起来的，而无所不在的互联网正是第三次和第四次工业革命的交会点和核心产品之一。互联网已经成为“潮涌现象”（林毅夫，2007）的泉眼，也是国家级的产业战略选择。各国争先发展互联网网络铺设和互联网产品开发，2017 年，全球的固定宽带用户数已经超过 8 亿，移动宽带用户已经超过 35 亿。中美两个超级大国的互联网用户人数合计超过 9 亿，占全球互联网用户的 30% 以上。目前，中国已经拥有全球第一大互联网市场。截止到 2017 年 12 月，中国网民规模达到 7.72 亿人。互联网普及率达到 55.8%。从 2010 ~2017 年，中国互联网的普及率年均增长 3.07 个百分点。随着农业占比降低和经济增长减速，经济增长和就业之间的关系在进一步减弱（蔡昉等，2014）。Freeman（2002）指出新经济随着信息通信技术，尤其是互联网的发展，将对劳动力市场产生重大影响。刘树成和李实（2000）指出新经济对就业的影响主要来自产业结构的升级，加速了第三产业的发展。第三产业比重的上升，增强了经济结构的稳定性，并在第三产业的比重上升时，经济结构自身就增强了稳定性，减少了经济动荡和“微波化”。《国务院印发“十三五”促进就业规划》中，多次提到“新就业”的概念。随着互联网成为国家级基础设施建设，“互联网 +”的理念提出则把互联网与市场经济结合得更加紧密。

随着互联网的普及化，个体对于网络的应用也从最早的社交网络走向了生活及应用网络，互联网成为每个人生活中必不可少的工具，大多数都市人成为“蜘蛛人”。互联网的使用不仅扩大了民众的非制度化政治参与（陈云松，2013）、社会认同（王文彬、吴海琳，2014），也改变了民众的生活方式和就业方式。《2016 微信年度生活报告》指出，2016 年微信每天都有 7 亿多用户登录，同比增长 35%[①]。依托“云网端”新基础设施，互联网平台创造了全新的商业环境。信息的透明使得企业摆脱规模束缚，各类中小型企业通过平台接入能够获得更好的发展机会。随着互联网的发展，我国已经形成了依托网络平台的“平台经济”和“共享经济”，互联网不仅把闲散的资源进行优化整合，也对劳动力市场格局产生重大影响，对劳动者的就业能力、就业选择、收入水平等都产生影响。

二　国内外研究综述

人类经历了三次大型工业革命，伴随着技术的更新换代，普通劳动者的就业岗位渐次被机器人抢夺，蓝领工人的就业市场被机器“镂空”（Autor 和 David，2009）。但是随着互联网和人工智能的进一步发展，尤其是“奇点”的加速来临，不仅蓝领工人受到冲击，整个劳动力市场都面临一场残酷的人类与机器的竞赛（Brynjolfsson、McAfee，2015）。Deming（2015）指出随着机器的功能日益强大，人类的工作发生了显著分化。1980～2012 年，最稳健的工作是那些充分结合数学能力和社交能力的就业岗位。同时，那些依靠单一技能的工作面临的风险最大，如机器操作和保洁等岗位都在衰减。Stewart et al.（2016）指出，英国在过去 150 年内的就业岗位增长了近两倍，虽然一些工作随着技能的转移在逐渐消失，但更多新的岗位产生。由于技术可以轻易取代劳动力，体力劳动者将受到很大

① 《2016 微信数据报告：老年用户日渐活跃》，http://language.chinadaily.com.cn/2016-12/29/content_27811181.htm，2016-12-29。

程度损害，就业结构占比从1871年的23.7%下降到2011年的8.3%，而护理工作则从1.1%上升到12.2%。然而长期来看，随着技术进步，尤其是互联网的发展，未来的就业形势并不明朗。Acemoglu和Restrepo（2016）则认为随着人类工作任务日益复杂，内生技术响应会促使人类的劳动份额和就业恢复到他们最初的水平。Forman et al.（2012）则通过研究发现互联网的发展和当地工资之间存在显著的悖论：互联网的广泛部署加剧了区域收入的不平等。进而指出要改善这种情况，就不能只投资于基础设施，而要改善地区的人力资本质量。

学者对于技术进步、经济增长与就业之间关系的研究非常深入，研究视角多元，研究数据充分。但是回到微观层面，学者对于技术进步的研究多数从产业投入、信息产业投入等角度论述，对于实证研究相对缺乏。一些学者采用“电脑使用”作为主要代理变量来分析个人计算机的使用与就业的关系。Krueger（1995）指出在工作中利用计算机有利于提高劳动者收入，使用计算机比不使用计算机的劳动者小时工资提高了10%~15%。高梦滔等（2009）借鉴其研究方法，基于云南省青年调查的微观数据研究发现，在工作和生活中利用计算机可以使得就业者的小时工资增加33%~76%。陈玉宇和吴玉立（2008）利用2005年全国家庭普查数据，采用处理效应模型研究发现，在控制了其他变量后，个人使用电脑的工资回报率仍然高达20%。Reshef（2013）发现低技能劳动力再配置到与计算机互补的职业的范围，比计算机部门大学毕业生再配置的范围要大得多。卜茂亮等（2011）利用2008年中国家庭动态跟踪调查（CFPS）数据，以互联网使用为例来研究信息技术的工资回报率。通过多元回归分析和趋势得分法研究发现，在控制了年龄、性别、教育程度和婚姻状况等个体特征后，互联网的使用仍然能够带来约60%额外收入。周冬（2016）指出互联网的使用和推广显著促进农民非农就业，并提高了农民收入。毛宇飞和曾湘泉（2017）利用 Probit 模型检验了互联网使用对女性就业的影响作用。研究发现，互联网使用能促进女性的整体就业，且对非自雇就业的作用效果要大于自雇就业。使用互联网获取信息有助于促进女性就业，尤其是非自雇就业。

劳动力市场的极化现象是一个国家劳动力市场上某种类型技能人群出现严重的供需矛盾所产生的特定现象。从历史经验来看，劳动力市场的极化现象主要分为三类：第一类是向上的极化，即劳动力市场上高技能劳动者的就业比重迅速增长。20 世纪 90 年代的美国（Autor et al.，2006）就曾出现高技能劳动者占比迅速增长的趋势。第二类是向下的极化，即劳动力市场上低技能劳动者的就业比重迅速增长。第三类是两极化格局，即劳动力市场上高技能和低技能劳动者的就业占比都有所增加，中等技能劳动者的就业需求持续减少，就业地位逐渐被机器等自动化设备所替代。这种现象在 20 世纪 80 年代的德国（Dustmann et al.，2007）、2000 年前后的欧盟国家（Goos et al.，2009），21 世纪初期的英国（Goos & Manning，2007）都曾出现。世界银行（2016）的研究显示，当代发展中国家的劳动力市场都逐渐出现两极分化现象，即高技能与低技能岗位的就业比重提高，而中等技能岗位的就业比重下降。进而，世界银行（2016）指出互联网正是加剧这种劳动力市场两极分化的重要因素。除了中国、博茨瓦纳、埃塞俄比亚三国外，其他国家都存在不同程度的两极分化问题。邵敏和刘重力（2010）从贸易结构的角度指出，出口贸易的增加会使我国的行业更加偏向技能型技术进步，进一步导致劳动力趋向于高技能行业就业以提高自身收入水平。江永红等（2016）以 2001 ~ 2012 年省际数据为样本研究发现，产业结构升级推动整个社会就业结构和劳动力质量向两端发生偏移，引致劳动力“极化”现象。

三　模型和数据

（一）模型

根据《2016 微信年度生活报告》数据，50% 用户每天使用微信的时长达到 90 分钟[①]，互联网使用已经成为部分普通民众的一种生活方式。同时，互联网使用的内容包括即时通信、搜索引擎、博客、网络购物、网上支付、互联网理财等各种类型，因此，互联网使用已经成为改变商业模式、社会环境的重要力量，也影响着使用者和不使用者在劳动力市场上的发展前景。由于互联网的使用本质上是获取信息提升个人信息能力和就业半径的重要手段，因此，我们有必要对互联网使用与教育之间的差别进行比较，因此，我们建构一个扩展明瑟收入方程研究控制教育的影响后，互联网使用是如何影响劳动者收入水平的。

$$\ln(wage) = \alpha_0 + \alpha_1 use + \alpha_i X_i + \epsilon_i$$

其中，ln（wage）指就业者年劳动收入的对数；*use* 指互联网使用；X_i 指其他控制变量，包括受教育水平、工作经历及工作经历的平方等；ϵ_i 为残差项。

（二）数据说明

本文使用 CGSS 数据，该数据是由中国人民大学中国调查与数据中心发布的一项综合调查数据，该数据通过规范的抽样方式构建包含省域、城市、社区、家庭和个体层面的多层数据。本文选取 2013 年 CGSS 的截面数据，该年度的样本总量在 1.2 万左右。

① 《2016 微信数据报告：老年用户日渐活跃》，http：//language. chinadaily. com. cn/2016 – 12/29/content_ 27811181. htm，2016 – 12 – 29。

1. 被解释变量

本文的被解释变量为被访者的年劳动收入，之所以选择劳动收入而非总收入，是因为被访者总收入中很多是来自于资产投资，与我们考察对象并没有直接关系。由于被访者的劳动收入偏态化严重，主要集中在0~10万元之间，因此，本文采用劳动者年收入的对数作为被解释变量，满足样本分布的正态性。

2. 解释变量

互联网使用是指个体使用互联网获取信息，丰富自己的娱乐生活、工作办公、社会网络等信息攫取和信息保留行为。互联网使用按照使用方式的不同可以分为：信息获取类、商务交易类、交流沟通类和网络娱乐类四种。在问卷中的问题为“过去一年，您对互联网（包括手机上网）的使用情况是”，选项中“从不、很少、有时、经常、非常频繁”五个选项的占比分别为56.98%、10.12%、9.73%、12.72%和10.45%。本文把“有时、经常、非常频繁”三个选择进行合并作为“经常使用互联网”，占样本总量的32.9%，取值为1，否则为0。应当指出，互联网使用并没有呈现显著的城乡差异。首先，从不使用互联网的人数中农业人口是非农业人口数量的1.65倍，都占不同户籍人口的半数左右。其次，其他选项频数相近，没有显著差异。可见，我国互联网使用的总体情况并不乐观，在互联网和移动互联网迅速发展的时代仍然有将近半数的劳动者是“无网络人群”，同时非农人口频繁使用互联网的频数略高于农业人口，CNNIC报告[①]（2014）指出47.9%的农村网民和55.1%的城镇网民比较依赖互联网，与样本数据基本一致。

3. 控制变量

（1）工作经历。工作经历由受访者自报得到，由于很多受访者

① 《第35次CNNIC报告》（第六章：个人互联网应用状况），http://tech.qq.com/a/20150203/037842.htm，2015-02-03。

在就业过程中存在中断就业的情况，因此，工作经历不等于结束教育阶段后的所有时间综合，因此，在变量中工作经历与受教育年限并不存在完全共线性的问题。(2) 年龄。本文截取 16～60 岁的劳动人口作为样本分析，如果年龄过大或者不到法定劳动年龄，截取的样本会出现奇异值。(3) 户口。在问卷中，户口分为农业户口、非农业户口、居民户口、蓝印户口①、军籍等，我们把农民户口设为 1，其他所有户口形式都设为 0。卜茂亮等（2011）研究发现信息技术的工资回报率在农村地区与城镇间有显著差别。在排除了年龄、性别、教育、民族和婚姻等因素后，互联网的使用分别为农村地区和非农村地区带来 78% 和 38% 的额外收入。因此，是否生活在农村地区，受到网络基础设施铺设条件的限制，城乡可能存在显著的阶段性差异。

表 1　变量说明

变量类别	变量名称	含义
被解释变量	年劳动收入的对数	劳动者个人一年内劳动收入的对数
解释变量	互联网使用	过去一年经常使用互联网取值为 1；否则为 0
个体特征	受教育程度	小学及以下 = 6；初中 = 9；高中 = 12；大专及本科 = 16；研究生 = 19
	工作经历	工作年限
	结婚	已婚取值为 1；否则为 0
	性别	男性取值为 1；否则为 0
	年龄	劳动者被访时的年龄（岁）
	户口	农村户口取值为 1；否则为 0
	少数民族	少数民族取值为 1；否则为 0
	中共党员	中共党员取值为 1；否则为 0
	宗教信仰	有宗教信仰取值为 1；否则为 0

① 蓝印户口是指主要在中小城市的一种介于正式户口与暂住户口之间的户籍形式，2000 年前后基本废除，在样本中基本忽略不计。

续表

变量类别	变量名称	含义
社会经济状况	家庭经济地位	家庭所在地平均水平及以上取值为1；否则为0
	投资	有投资活动取值为1；否则为0
	私家车	拥有私家车取值为1；否则为0
	住房	房子产权归自己所有为1；否则为0
其他	信息来源	互联网为最主要信息来源的取值为1；否则为0

表2　样本描述性统计

变量	样本量	均值	标准差	最小值	最大值
被解释变量					
年劳动收入	1541	7890.97	20674.93	0	400000
年劳动收入的对数	706	9.21	1.04	5.30	12.90
解释变量					
互联网使用	1541	0.33	0.47	0	1
个体特征					
受教育程度	1541	9.44	2.80	6	19
工作经历	1541	13.67	11.29	1	43
工作经历的平方	1541	314.24	406.61	1	1849
结婚	1541	0.86	0.34	0	1
性别	1541	0.39	0.49	0	1
年龄	1541	44.61	11.48	19	60
户口	1541	0.57	0.50	0	1
少数民族	1541	0.10	0.30	0	1
中共党员	1541	0.05	0.22	0	1
宗教信仰	1541	0.11	0.32	0	1
社会经济状况					
家庭经济地位	1541	0.61	0.49	0	1

续表

变量	样本量	均值	标准差	最小值	最大值
投资	1541	0.07	0.25	0	1
私家车	1541	0.14	0.34	0	1
住房	1541	0.48	0.50	0	1
其他					
信息来源	1541	0.16	0.37	0	1

四　实证结果

（一）回归结果

由于样本的劳动收入左侧偏峰状态显著，不满足正态分布的要求，因此取收入的对数。被解释变量是对数形式，忽略了收入为零的观测值，因而无法使用 Tobit 模型。因此，本文使用 Heckman 两阶段模型来处理样本选择偏差问题。

Lambda 的系数表示逆米尔斯比率的系数估计值，通过其显著性可以简单判断是否存在选择性偏差。由于 p 值为 0.086，因而我们拒绝不存在选择性偏差的虚拟假设（即 $\rho=0$），可以说明用 OLS 估计会产生一定程度的样本选择性偏差问题。根据模型（3）可以看出，个体有互联网使用行为可以使个体年劳动收入增加 46.52%，我们的研究结果与之相近。对比模型（1）的结果，OLS 回归结果显示，个体有互联网使用行为可以使个体年劳动收入增加 31.49%，低于模型（3）的结果，说明剔除收入为零的观测值，的确造成了样本选择偏差的问题。

互联网使用之所以带来如此显著的收入溢价，我们认为：第一，互联网使用扩充了个人的信息权力，正如汪建华（2011）指出的，互联网使用使得个体获得行动与策略优势，从而让个体形成更加明智的集体行动决策。第二，学习能力的个体异质性。高梦滔等（2009）曾指出善于学习和掌握计算机技术，会提高劳动效率进而提高劳动者的小时工资。但是我们参照模型（8）的研究结果可以看出，这种异质性是与个体对互联网的偏好无关的，主要体现为学习能力上的差别。然而，限于指标选取的困难，我们无法对互联网使用行为进行进一步分析，比如，信息获取类、商务交易类和交流沟通类互联网使用行为可能会改善个体的“信息权”和非认知能力，但是网络娱乐类互联网使用却不能帮助个体改善学习能力。

表 3　互联网使用对就业影响的回归结果

项目	OLS 回归结果	Heckman 两阶段回归结果	
	(1)	(2)	(3)
		第一阶段	第二阶段
互联网使用	0.3149*** (0.1085)	-0.2952*** (0.0983)	0.4652*** (0.0912)
受教育程度	0.0408*** (0.0148)	-0.0538*** (0.0143)	0.0636*** (0.0155)
工作经历	0.0483*** (0.0125)	-0.0445*** (0.0132)	0.0586*** (0.0128)
工作经历的平方	-0.0010*** (0.0004)	0.0003 (0.0004)	-0.0012*** (0.0004)
结婚	0.1420 (0.1074)	0.0273 (0.1104)	
性别	0.2501*** (0.0822)	1.1361*** (0.0819)	

续表

项目	OLS 回归结果	Heckman 两阶段回归结果	
	(1)	(2)	(3)
		第一阶段	第二阶段
年龄	-0.0076 (0.0049)	-0.0230*** (0.0049)	
家庭经济地位	0.2325*** (0.0737)	0.0604 (0.0762)	
私家车	0.5622*** (0.1412)	-0.4273*** (0.1157)	
住房	0.0683 (0.0873)	0.3161*** (0.0817)	
投资	0.5255** (0.2052)	0.0178 (0.1619)	
常数项	8.2788 (0.2595)	1.4126*** (0.2608)	8.2605*** (0.1436)
R^2	0.1802		
Lambda 系数		-0.1806	
样本量	706	1541	835

注：*、**、*** 分别表示 10%、5%、1% 的显著性水平下显著，下栏括号内为标准差。Heckman 两阶段回归第一阶段因变量为是否有工作。

（二）稳健性检验

为说明模型的稳健性，本文加入了不同的控制变量，分别来说明个体特征、家庭特征等是否会影响研究结论。从模型（4）到模型（8），本文分别加入了户口、民族、政治面貌、宗教信仰和信息来源的信息，结果表明，互联网使用的系数相对稳健，与模型（1）的回归结果非常接近，可见模型的拟合效果良好。

从模型（4）可以看出，户籍因素对于就业者是有显著影响的，这与周冬（2016）关于互联网覆盖对农民就业产生的影响研究是一致的。由于我国在城镇化建设中对于农村地区进行了大量的政策干预，比如计划生育政策、农业补贴政策、“最后一公里”等农村电子商务政策等，农村户籍的人群对于政策的敏感程度要高于城镇，所以，是否掌握有效的信息权力对于城乡劳动者会有显著差异。但是，由于农村户籍就业者在信息获取渠道、信息理解能力、互联网使用时间等因素方面都弱于城镇就业者，拥有农村户籍就业者的劳动收入比城镇户籍就业者低33.26%。从模型（5）到模型（7）可以看出，民族、政治面貌、宗教信仰等个体因素对劳动收入没有显著影响。在模型（8）中，本文把“信息来源”定义为是否把互联网作为主要的信息来源。根据经济学的偏好理论，个体在使用某种介质的时候会形成一定的使用惯性，并且对于其他方式产生排斥心理。比如，当个体习惯了使用飞信作为主要的交流和工作工具，除非飞信这种软件产品消失，否则个体基本不会选择其他方式进行信息交流。然而，在本研究中，我们通过“信息来源”衡量个体偏好后发现，是否有使用互联网来获取信息的偏好并不会影响劳动者收入。

表4　稳健性检验结果

项目	OLS 回归结果				
	（4）	（5）	（6）	（7）	（8）
互联网使用	0.2999*** （0.1079）	0.3093*** （0.1087）	0.3190*** （0.1087）	0.3182*** （0.1085）	0.2646** （0.1209）
加入新的控制变量					
户口	-0.3326*** （0.1072）				

续表

项目	OLS 回归结果				
	(4)	(5)	(6)	(7)	(8)
少数民族		-0.0901 (0.1060)			
中共党员			-0.0968 (0.1643)		
宗教信仰				0.1391 (0.1149)	
信息来源					0.1299 (0.1382)
R^2	0.1914	0.1810	0.1806	0.1819	0.1812
样本量	706	706	706	706	706

注：*、**、*** 分别表示 10%、5%、1% 的显著性水平下显著，下栏括号内为标准差。

五　互联网使用对不同收入群体的影响

样本收入主要集中在 0 ~ 10 万元之间，不同分位点劳动者的差异显著。因此，本文使用分位数回归研究互联网使用对不同分位点劳动者的影响。分位数回归是处理被解释变量的条件分布中不同点处的解释变量之间关系的有效工具，采用最小化绝对离差的半参数方法，可以有效地避免对回归误差参数分布的假设，有效解决异方差数据。

从互联网使用情况的分布来看，变量互联网使用的系数在不同分位数的大部分取值范围内都是正的，在较低的分位数上具有更大的效应。在两个极端上，即上分位数和下分位数的位置上，置信区间都变得更大。由于条件分位数考察的是样本的条件分布随着自变量进行变化的情况。因此，我们不能单纯根据分位数回归的系数得出收入差距大小，而只能看出收入差距的变化趋势。模型（9）到模型（11）分别对25%分位点、50%分位点、75%分位点的被解释变量进行分析，研究发现，互联网使用对25%和50%分位点上的劳动收入有显著影响，而对75%分位点的劳动收入影响并不显著。可见，低分位回归中的互联网使用高于高分位回归。本文借鉴邢春冰（2008）对于分位数回归结果的报告方式，从影响趋势来看，收入水平越低，互联网使用对其产生的收入效应越大。从影响结果来看，互联网使用使得处于25%分位点的就业者收入提高了50.15%，使得处于50%分位点的就业者收入提高了35.13%，两者有显著差异。我们从以上的分位数回归中只能得到工资对数的边际效应，我们更想看到的是互联网使用对于工资的边际效应。因此，我们需要进行再转换，对于工资取平均边际效应（AME）。从输出结果来看，互联网使用对工资对数的AME分别为：0.5015、0.3513和0.1676。因此，这表明工资的水平形式的AME是23829.758[①]与之的乘积。可见，使用互联网让处在25%和50%分位数上的就业者的年劳动收入水平分别提高了11950.23元和8371.39元。我们可以看出，对于不同收入群体，互联网使用产生的影响也不尽相同。这与互联网使用的“黏性”相关，即收入水平高的群体，相对应的难以量化的“数字人力资本”[②]就越多，互联网使用的影响也随着减弱。

① 23829.758一值是根据QR的同变性原则所得到的AME再转换的结果。

② 笔者在李飚（2018）一文中指出，“数字人力资本”是指通过对于互联网的深入使用来提高个人技能和情感，是基于互联网使用技能所产生的个体人力资本。

表 5　分位数回归结果

项目	QR 回归结果		
	(9) 25%分位点	(10) 50%分位点	(11) 75%分位点
互联网使用	0.5015 *** (0.1484)	0.3513 *** (0.1308)	0.1676 (0.1188)
Pseudo R^2	0.0775	0.0922	0.1314
样本量	706	706	706

注：*、**、*** 分别表示 10%、5%、1% 的显著性水平下显著，下栏括号内为标准差。

六　互联网使用对不同技能劳动者的影响

正如世界银行（2016）所说，我国不同技能劳动者的就业情况并没有呈现出这种两极分化问题，劳动力市场的基本特征是呈现显著的中高技能偏向型发展特征。从 2005 年到 2013 年，我国高技能劳动者的占比从6.8%增长到14.6%，平均年增幅达到0.86%。中等技能劳动者的就业占比从 12.1% 增长到 17.08%，平均年增幅达到 0.55%。然而，低技能劳动者的占比则降低了近 12.8%。一方面，我国的互联网发展格局相比世界整体格局更加不均衡，全球的宽带互联网用户已经增长到40 亿人，互联网给全球带来了新的就业繁荣的可能性。但中国和印度不仅是全球互联网用户最多的国家之一，也是全球“无网络化”人群最多的国家，这种数字红利分享上的差距加剧了各地区间的不平等和劳动力的流动格局，形成显著的数字鸿沟。另一方面，我国的人口结构变动和产业结构变动也没有向两极化演进的显著趋势。随着互联网技术的发展，社会需要越来越多的高技能人才来进行通信网络的链接、测试、维护、开发等工作，因此，大量研究者认为互联网的发展对人力资本的要求在显著提高。Akerman et al.（2015）的研究发现：宽带网络的发展提高了高技能劳动者的需求。以2005年为例，高技能劳动者使用宽带网络比不使用宽带网络的就业率高出了1.9%。

在本研究中，我们按照文献中的一般处理方法，以受教育年限作为技能水平的代理变量，正如陆铭等（2012）所指出的，这种度量误差造成的影响只是使“技能”的系数向零偏误。模型（12）和模型（13）分别给出了互联网对不同技能劳动者的影响，从回归结果可以看出，互联网对中高技能劳动者产生显著影响，使用互联网的中高技能劳动者比不使用互联网的就业者收入提高了83.39%，远高于总体样本回归结果，可以看出互联网使用有一定的技能偏向属性，对熟悉数字技术的就业者有利。然而，使用互联网对低技能劳动者没有显著影响。Acemoglu（1998）指出当劳动力市场上高技能劳动者占比很高时，就意味着鼓励技能补偿型的技术进步，并鼓励进一步提升高技能劳动者的劳动生产率。短期内技能供给降低技能价值，之后会减少技能偏向型技术进步并提升技能价值。

表6 不同技能劳动者的回归结果

项目	(12) 低技能劳动者	(13) 中高技能劳动者
互联网使用	0.1895 (0.1176)	0.8339*** (0.2538)
R^2	0.1630	0.2321
样本量	550	156

注：*、**、***分别表示10%、5%、1%的显著性水平下显著，下栏括号内为标准差。低技能者就业者指的是受教育年限小于等于9年，中高技能劳动者指的是受教育年限大于等于12年。

七　研究结论与启示

本文分别使用 OLS 回归、Heckman 两阶段模型和 QR 回归分析样本总体、不同收入群体、不同技能群体的特征，研究发现：第一，个体有互联网使用行为可以使个体年劳动收入增加 46.52%；第二，互联网使用对中低收入人群有显著影响，对高收入人群没有显著影响。具体来说，使用互联网让处在 25% 和 50% 分位数上的就业者的工资水平分别提高了 11950.23 元和 8371.39 元；第三，使用互联网的中高技能劳动者收入提高了 83.39%，远高于总体样本回归结果，使用互联网对低技能劳动者没有显著影响。

因此，本文认为：第一，降低数字化门槛以提升劳动者收入。由于我国的区域发展不平衡，劳动者受教育水平和互联网使用能力差异巨大，我国应当在国家层面降低数字化门槛，提升低技能劳动者对于互联网的基本使用能力，开展大量的互联网技能培训课程，降低不同群体间的“数字鸿沟”。同时，随着新经济和新就业的迅猛发展，新的劳动保护法律亟待出台，新型劳动关系有待确立。但在新的法律法规和政策文件的干预过程中要警惕政府对市场经济的过度干预。在新经济发展中，政府应当扮演更重要的角色，减少直接干预，侧重于为市场提供必要的政策与制度条件。

第二，扩大高等教育规模和创新能力以提升劳动力技能。从本文研究可以看出，互联网使用为高技能劳动者提供更加丰富的就业机会和灵活的就业选择，并在一定程度上恶化了低技能劳动者的就业空间。互联网加剧了不同技能劳动者间的结构性失衡，随着互联网规模的扩大、个体互联网使用和数字人力资本的提高，中高技能劳动者在劳动力市场上获得更高的劳动收益，而互联网的发展对于低技能劳动者的劳动收入提高并不显著。考虑到低技能劳动者更可能被技术偏向型的互联网所替代，无论是对于没有进入劳动力市场的低学历潜在就业者还是低技能劳动者来说，互联网时代的劳动力格局都不利于他们的就业前景。因此，随着人口出生率增速减缓，人口老龄化增速加快，只有进一步扩大高等教育规模，才能改善劳动力市场人才技能结构，为“中国制造2025”和高端服务业的转型提供足够的人才需求。同时，随着技术进步速度的加快和互联网普及程度的提升，我国高等教育应当更加重视培养创新能力，在提升技能教育的同时，培育更多具有创新精神的高等本科教育人才和具有工匠精神的高等职业教育人才，把“创新能力”作为改善劳动力市场技能人才结构的重中之重。

参考文献

Acemoglu D.，P. Restrepo，2016. “The Race Between Machine and Man：Implications of Technology for Growth，Factor Shares and Employment”. NBER working paper，No. 22252.

Acemoglu D.，1998. “Why Do New Technologies Complement Skills? Directed Technical Change and Wage Inequlity”. *The Quarterly Journal of Economics*，(9).

Akerman A.，I. Gaarder，M. Mogstad，2015. “The Skill Complementarity of Broadband Internet”. *The Quarterly Journal of Economics*，(5).

Autor D. H.，L. F. Katz，M. S. Kearney，2006. “The Polarization of the U. S. Labor Market”. *American Economic Review Papers and Proceedings*，(96).

Autor D. H.，D. David，2009. Inequality and Specialization：The Growth of Low-Skill Service Jobs in the United States［J］. *MIT Working Paper*，No. 15150.

Brynjolfsson E.，A. Mcafee，2015. *The Second Machine Age：Work，Progress and Prosperity in a Time of Brilliant Technologies*，New York：W. W. Norton &

Company.

Deming D. , 2017. “Skill Requirements Across Firms and Labor Markets: Evidence from Job Postings for Professionals” . *Social Science Electronic Publishing*, 36 (S1) .

Dustmann C. , J. Ludsteck, U. Schonberg, 2007. “Revisiting the German Wage Structure” . *IZA Discussion Paper*, No. 2685.

Forman C. , A. Goldfarb, S. Greenstein, 2012. “The Internet and Local Wages: A puzzle” . *American Economic Review* , (102) .

Freeman R. B. , 2002. “The Labour Market in the New Information Economy” . NBER Working Paper, No. 9254.

Goos M. , A. Manning, A. Salomons, 2009. “Job polarization in Europe”. *The American Economic Review*, (2) .

Goos M. , A. Manning, 2007. “Lousy and Lovely Jobs: The Rising Polarization of Work in Britain” . *Review of Economics and Statistics*, (89) .

Krueger A. B. , R. Hall, 2012. “Evidence on the Incidence of Wage Posting, Wage Bargaining, and On-the-Job Search” . *American Economic Journal: Macroeconomics*, 4 (4) .

Reshef A. , 2013. “Is Technological Change Biased Towards the Unskilled in Services? An Empirical Investigation” . *Review of Economic Dynamics*, 16 (2).

Stewart I. , D. De, A. Cole, 2015. “Technology and People: The Great Job Creating Machine” .

蔡昉、Richard Freeman、Adrian Wood:《中国就业政策的国际视角》,《劳动经济研究》2014 年第 5 期。

陈云松:《互联网使用是否扩大非制度化政治参与——基于 CGSS2006 的工具变量分析》,《社会》2013 年第 5 期。

陈玉宇、吴玉立:《信息化对劳动力市场的影响:个人电脑使用回报率的估计》,《经济学(季刊)》2008 年第 4 期。

高梦滔、颜明、毕岚岚:《计算机使用对青年人工资率的影响:来自云南的经验证据》,《中国人口科学》2009 年第 1 期。

江永红、张彬、郝楠:《产业结构升级是否引致劳动力“极化”现象》,《经济学家》2016 年第 3 期。

克劳斯·施瓦布：《第四次工业革命》，中信出版社，2016。

李飚：《互联网与创业——基于北京市青年创业数据的实证研究》，《经济与管理研究》2018 年第 5 期。

林毅夫：《潮涌现象与发展中国家宏观经济理论的重新构建》，《经济研究》2007 年第 1 期。

刘树成、李实：《对美国“新经济”的考察与研究》，《经济研究》2000 年第 8 期。

陆铭、高虹、佐藤宏：《城市规模与包容性就业》，《中国社会科学》2012 年第 10 期。

毛宇飞、曾湘泉：《互联网使用是否促进了女性就业——基于 CGSS 数据的经验分析》，《经济学动态》2017 年第 6 期。

卜茂亮、罗华江、周耿：《Internet 对劳动力市场的影响——基于中国家庭动态跟踪调查（CFPS）数据的实证研究》，《南方人口》2011 年第 5 期。

汪建华：《互联网动员与代工厂工人集体抗争》，《开放时代》2011 年第 11 期。

王文彬、吴海琳：《互联网使用及其对社会认同的影响——基于 CGSS2010 数据的实证分析》，《江海学刊》2014 年第 5 期。

邢春冰：《分位回归、教育回报率与收入差距》，《统计研究》2008 年第 5 期。

世界银行：《2016 年世界发展报告：数字红利》，《华盛顿：世界银行》，2016。

邵敏、刘重力：《出口贸易、技术进步的偏向性与我国工资不平等》，《经济评论》2010 年第 4 期。

周冬：《互联网覆盖驱动农村就业的效果研究》，《世界经济文汇》2016 年第 3 期。

G.7

数字经济发展对就业市场和就业制度的挑战及应对

王博雅　邓力千*

摘　要： 数字经济的快速发展，正深刻地改变着人类的生产和生活方式。一方面，数字经济的迅猛发展让数字技能成为基本就业技能，让就业方式越来越弹性化，让产业就业结构和区域就业结构均受到显著冲击，既泯灭了许多就业岗位，也催生了许多新的就业机会，给就业市场带来了诸多挑战。另一方面，数字经济平台化、跨界融合的特点，以及灵活就业方式和自由职业者的大量涌现，让现有的国民经济和就业统计体系、劳动保障法律法规、产业就业政策以及经济社会管理体制难以适应，给我国的劳动用工制度、就业保障制度、就业培训制度和就业服务制度等就业制度也带来了巨大挑战。在结合国外相关经验的基础上，本文提出四点建议应对我国数字经济对就业市场和就业制度带来的挑战：一是完善就业相关法律和社会保障制度，提高制度和政策的灵活性和普惠性；二是重视数字人才培养、数字技能培训，加强数字人力资源开发；三是构建全国统一的就业信息服务网络，全面优化就业服

* 王博雅，管理学博士，中国社会科学院人口与劳动经济研究所，助理研究员。邓力千，北京交通大学经济管理学院，博士研究生。

务体系；四是积极发展新产业、新业态，充分发挥数字经济的就业创造能力。

关键词： 数字经济　就业市场　就业制度

进入21世纪以来，互联网、移动互联网、物联网、大数据、云计算、人工智能、区块链等新技术的不断涌现和融合创新，推动数字经济快速发展，正深刻地改变着人类的生产和生活方式。党的十八大以来，中央政府高度重视数字经济的发展。2016年，中央政治局第三十六次集体学习上，习近平总书记指出，要做大做强数字经济，拓展经济发展新空间。2017年，十九大报告中提出要发展数字经济、共享经济，培育新增长点、形成新动能。2017年中央政治局第二次集体学习时，习近平总书记强调，要构建以数据为关键要素的数字经济，加快发展数字经济，推动数字经济融合发展。

数字经济是以数字化的知识和信息为关键生产要素，以数字技术创新为核心驱动力，以现代信息网络为重要载体，通过数字技术与实体经济深度融合，不断提高传统产业数字化、智能化水平，加速重构经济发展与政府治理模式的新型经济形态（中国信息通信研究院，2017）。从产业划分的角度看，数字经济由数字的产业化和产业的数字化两大部分组成，数字的产业化以信息产业为核心，通过现代信息技术的市场化应用，推动包括电子信息制造业、信息通信业、软件服务业等数字产业的形成和发展，是数字经济的基础部分；产业的数字化以传统产业的改造升级为主体，利用现代信息技术对传统产业进行全方位全链条的改造，是数字经济的融合部分。

中国信息通信研究院（2018）将信息通信产业作为数字经济的基础部分，将信息产业在传统产业上的应用作为数字经济的融合部分，测算了我国数字经济的规模。我国数字经济总量从 2008 年的 4.8 万亿元提升至 2017 年的 27.2 万亿元，年均增长 18.7%，GDP 占比从 2008 年的 15.2% 提升至 2017 年的 32.9%，已经成为我国经济的重要支柱。其中，数字经济基础部分（信息通信产业）2017 年达到 6.2 万亿元，GDP 占比达到 7.4%；数字经济融合部分增长迅速，2017 年已达到 21 万亿元，从 GDP 占比来看，由 2005 年的 7% 提升至 2017 年的 25.4%，从数字经济的占比来看，由 2005 年的 49% 提升至 2017 年的 77.4%，数字经济融合部分已成为数字经济增长的主要引擎[①]。

数字经济自身的规模增长迅速，其带动就业规模的增长也十分显著。中国信息通信研究院（2018）对此进行了测算，结果显示，我国数字经济领域的就业人数在 2017 年已达到 1.71 亿，总就业的占比为 22.1%，同比提升 2.5 个百分点。其中，数字经济基础部分的就业人数为 1175 万，数字经济融合部分的就业人数达到 1.6 亿，传统产业的数字化转型升级已成为我国容纳就业的重要来源。波士顿咨询公司（2017）的预测表明，我国整体数字经济规模将在 2035 年达到 16 万亿美元，渗透率高达 48%，吸纳就业人数将达到 4.15 亿[②]。规模庞大的数字经济给就业市场带来了哪些变化？目前我国的劳动就业制度将会受到哪些冲击？面对这些挑战我们该如何应对？本文结合最新的数据和研究成果，对这些问题进行了回答。

一　数字经济带来的就业市场变化

（一）数字技能成为基本就业技能

知识和信息是数字经济的关键生产要素，信息技术是数字经济的

① 中国信息通信研究院：《中国数字经济发展和就业白皮书（2018 年）》，2018。

② 波士顿咨询公司：《迈向 2035：4 亿数字经济就业的未来》，2017。

基础技术支撑。因此，在数字经济条件下，数字技能成为与听、说、读、写同等重要的基本能力，掌握必要的信息技术，能够对电子文档、电子表格、数据库、多媒体等数字信息进行制作、储存和管理，并能够运用信息技术和互联网技术解决工作中的相关问题已经成为一名合格劳动者的必备素养。欧盟委员会（2011）曾对数字技能做过概念性阐述，指个人能够熟练地掌握信息通信技术的基本技能，用以搜索、存储、生产和交换信息，自信地使用信息技术进行各种活动，包括工作、生活、休闲、学习，并且能够通过互联网参与这些交流协作。在农业领域，以物联网、虚拟农业等为代表的信息技术正广泛渗透于农业生产、加工、销售等各个环节，农业的数字化转型升级需要能够熟练使用数字化农业管理系统的新型农民；在制造业领域，工人操作设备时不再需要熟读设备操作教程（机器会自动显示操作步骤），制造业的智能化数字化转型需要的是有能力使用新的数字化软件或系统，能够同时照看多种智能化机器和流水线的新型工人；在服务业领域，服务业的数字化需要有能力综合使用多媒体、互联网、网络平台等多种工具为消费者提供相关数字服务。

2017 年，美国布鲁金斯学会发布的《数字化和美国劳动人口》报告显示，2002 ~ 2016 年间，美国需要大量数字知识的工作占比迅速上升，需要高数字技能水平的工作占比从 2002 年的 4.8% 升到 2016 年的 23%；而在同一时间段，需要中等数字技能水平的工作占比从 39.5% 升到 47.5%；不太需要数字技能的工作占比则从 55.7% 下降到 29.5%。2017 年，欧洲职业培训发展中心进行的“欧洲技能与就业（European Skills and Jobs）”调查显示，有 71% 的欧盟员工需要掌握某个基础水平（如初级或中级）的数字技能才能完成他们的工作，其中 52% 的员工表示需要达到中级 ICT 技能水平才能完成工作任务，19% 的员工表示只需要达到初级 ICT 水平即可，此外有 14% 的员工表示需要达到高级 ICT 水平，有 14% 的员工表示在工作中不需要掌握任何 ICT 技能。

然而从全球范围来看，劳动者的数字技能普遍不足，个人、产业、区域之间的数字技能差异也扩大了劳动者的收入差距，带来了巨大的数字鸿沟[①]。2017 年欧盟的“数字计分板”调查显示，虽然大多数欧洲人已经生活在数字化环境中，但大部分人却缺乏必要的数字技术能力。其中的 11 个成员单位，有超过 50% 的国民缺少足够的数字技能，某些国家的比例高达 80% 以上。近年来我国技术人才数量增长缓慢，长三角 16 个城市的 120 万家企业中，对技师与高级技师的需求缺口高达 68%；江苏的高级技术人才比例只有 8%，虽远高于全国平均水平，但与发达国家的 40% 相差甚远[②]。清华大学和复旦大学联合发布的《中国劳动力市场技能缺口研究》显示，2016 年我国普通技能劳动者约占全国就业人数总量的 19%，具有数字技能等高技能的人才仅占 5%[③]。2017 年清华大学发布的《中国经济的数字化转型：人才与就业》报告显示，我国数字经济的发展面临人才短缺的挑战，我国 46.6% 的数字技能人才来自 ICT 基础产业，20.9% 的数字技能人才来自制造业，金融、消费品、医药、企业服务、娱乐、教育等行业的数字技能人才占比则均在 10% 以下，说明我国数字技能人才分布十分不均衡。

（二）就业方式越来越弹性化

数字化技术使得个体和企业只需要宽带连接就可以在在线平台上

---

① 数字鸿沟，是指在全球数字化进程中，不同国家、地区、行业、企业、社区之间，由于对信息、网络技术的拥有程度、应用程度以及创新能力的差别而造成的信息落差及贫富进一步两极分化的趋势；由美国国家远程通信和信息管理局（NTIA）于 1999 年发布的《在网络中落伍：定义数字鸿沟》中提出。

② 张茉楠：《新工业革命冲击全球劳动力市场》，《上海证券报》，2016 年 7 月 27 日，第 9 版。

③ 清华大学、复旦大学、摩根大通：《中国劳动力市场技能缺口研究》，2016。

交易商品和服务，在数字经济时代，企业的边界变得模糊化，企业组织的平台化成为数字经济的典型特征之一。2013 年哈佛大学托马斯·艾斯曼的研究表明，全球最大的 100 家企业中有 60 家的主要收入来自平台模式。2015 年互联网女皇玛丽·米克尔发布的《2015 年全球互联网趋势报告》显示，2015 年全球前 15 大互联网公司都是平台模式。2016 年全球企业中心（CGE）发布的《平台公司的崛起：一项全球调查》显示，截至 2015 年末，全球以平台模式运作的市值为 10 亿美元及以上的公司已达 176 家，总市值超过 4.3 万亿美元，直接和间接雇佣的员工达数百万人，其中中国平台型企业共有 64 家，位居全球第一。2018 年科技部发布的《2017 中国独角兽企业发展报告》显示，2017 年中国独角兽企业榜中，估值位于前 10 名的企业（蚂蚁金服、滴滴出行、小米、阿里云、美团点评、宁德时代、今日头条、菜鸟网络、陆金所、借贷宝）中有 9 家是采用平台模式运营。

企业组织的平台化打破了传统的稳定捆绑式的雇佣关系，劳动者的工作时间、工作地点、工作内容、雇佣期限等更加弹性化，人力资源市场的供求关系更加富有弹性，择业和创业更加自主灵活。数字化使劳动者可以跨越时空限制，远距离获得工作机会，就业创业边界逐渐被消弭，形成了基于平台的就业和创业的新途径。大量个体和创业团队能够借助平台模式以较低的成本跨越门槛，借“平台”出海，完成“‘按需聚散’的契约履行与价值实现行为”。比如，个体或组织在众包平台上可以异地接单甚至全球接单；企业可以通过互联网平台在全球招揽人才，但这些人才依托网络平台，依旧在本地办公，可以兼职也可以全职。平台化也会催生产业链上下游的内部就业和创业机会，比如网络运维、在线营销、地面推广、快递物流、第三方支付等。从劳动者人口特征来看，平台模式具有极大的包容性，为已婚女性、流动人口等就业困难群体也提供了公平、灵活、获得更高收入的就业机会，拓宽了劳动力市场半径，降低了失业概率，稳定了社会基础。

2016 年麦肯锡全球研究院发布的《独立工作：选择、必要性和零工经济》中指出，欧美地区有高达 1.62 亿人（占总工龄人口的 20% ~30%）或多或少从事某种形式的独立工作。2017 年滴滴发布的《2017 年滴滴出行平台就业研究报告》显示，在滴滴平台上 82% 的劳动者是 25 ~44 岁的青壮年，已婚劳动者接近 90%，有子女群体占 80% 以上。阿里研究院在 2017 年发布的《数字经济 2.0 报告》预测，在未来的 20 年之内，8 小时工作制将会被打破，4 亿劳动力（相当于中国总劳动力的 50%）将通过网络自我雇佣和自由就业。世界经济论坛在 2018 年发布的《未来就业 2018》中预测，未来工作的内容、地点和形式将会产生巨大改变，稳定的全职工作机会将越来越少，公司更倾向于选择临时工、自由职业者或专业承包商，而其他的大部分工作则可以自动完成。

（三）就业机会发生巨大变化

一方面，数字技术和数字产业的兴起，势必要对传统产业和原有的就业岗位造成冲击。例如，机器人的应用导致大量劳动密集型企业的工人失业，蓬勃发展的电子商务导致大量实体门店关闭，引起成千上万的终端零售人员失业，网约车和共享单车的兴起冲击了出租车司机的工作。世界经济论坛曾在《2016 全球人力资本报告》中指出，全球将会有 700 万个工作岗位在 2020 年消失，现在上小学的孩子有 65% 最终将从事现在还不存在的全新职业。世界银行发布的《2016 年世界发展报告：数字红利》认为，在未来，中国有 55% ~77% 的就业岗位容易因技能含量低而被取代，印度为 43% ~69%，经合组织国家的这一比例为 57%。2018 年世界银行在发布的《2019 年世界发展报告：工作性质的变革》中估计，美国 47% 的职业面临着自动化的风险，时薪低于 20 美元的岗位被机器人取代的概率为 83%，

20～40 美元之间岗位被取代的概率为 31%，而高于 40 美元的岗位被取代的概率为 4%。

另一方面，数字技术及其相互融合也会催生出许多新产业、新业态和新模式，继而创造大量的就业机会。当前，大量的创新创业都发生在互联网、电子商务、计算机软件、通信、IT 服务等数字经济领域，互联网/电子商务、计算机软件、IT 服务等数字经济行业近 3 年来一直是我国人才需求最多的十大行业之一，其中互联网/电子商务行业近 3 年一直稳居我国人才需求最多的行业（见表 1）。阿里巴巴集团发布的《阿里巴巴集团 2017～2018 年社会责任报告》数据显示，2017 年，阿里电商平台创造了超过 3300 万个就业岗位，阿里巴巴新零售平台内容电商从业者已经超过 100 万人，2118 个淘宝村创造了超 130 万就业机会。滴滴发布的《2017 年滴滴出行平台就业研究报告》显示，2016 年 6 月至 2017 年 6 月，在滴滴平台获得过收入的人数达到 2108 万（含专车、快车、顺风车车主、代驾司机），其中 393 万是去产能行业的从业者，还有 133 万失业人员和 137 万零就业家庭在平台上实现了新就业。腾讯研究院发布的《中国“互联网＋”数字经济指数（2017）》指出，数字经济在 2016 年大致产生 280 万新增就业，占 2016 年全年新增就业人口的 21%。2018 年商务部发布的《中国电子商务报告（2017）》显示，2016 年我国电子商务及相关产业直接和间接带动就业人数已达 4250 万，其中淘宝、微商、电商快递、城市配送、分享经济等电子商务企业，为全社会创造了更为灵活的就业方式和更为丰富的就业机会。世界经济论坛（2018）发布的《未来就业（2018）》预测，尽管有 7500 万份工作将会被自动化技术和人工智能的发展所取代，但是随着公司对机器与人类分工的重新规划，将会产生 1.33 亿份新工作，到 2022 年净增工作岗位将多达 5800 万，机器可以完成的任务占比将从当前的 29% 提升至 42%，人类工作占到所有工时的比例将从当前的 71% 降至 58%。

表1　2016 年和 2018 年我国人才需求最多的十大行业

行业	2018 年夏季排名	2016 年秋季排名	排名变化
互联网/电子商务	1	1	不变
房地产/建筑/建材/工程	2	3	上升 1 位
教育/培训/院校	3	4	上升 1 位
计算机软件	4	5	上升 1 位
基金/证券/期货/投资	5	2	下降 3 位
专业服务/咨询	6	6	不变
IT 服务（系统/数据/维护）	7	10	上升 3 位
医药/生物工程	8	—	新入
快速消费品	9	8	下降 1 位
贸易/进出口	10	7	下降 3 位

注：阴影部分为数字经济相关行业。

资料来源：作者依据智联招聘发布的《2016 年秋季中国雇主需求与白领人才供给报告》与《2018 年夏季中国雇主需求与白领人才供给报告》整理。

（四）产业就业结构和区域就业结构受到显著冲击

数字经济对就业结构的调整变化造成了巨大影响。从产业就业结构来看，随着数字经济的深入发展，第三产业的就业比例将持续上升。得益于数字化信息技术广泛而深入的应用，第一产业将进一步提高农业的规模化、集约化、智能化水平及农业劳动生产率，随着机器人等新一代人工智能技术的普及，更多的农业劳动力将会被农业自动化释放出来。例如，借助于大数据进行分析，采用滴灌技术、无人机喷洒农药，可以更精准、高效地施肥灌溉[①]，因此将节约大量农业劳动力。在第二产业，传统制造业就业规模将持续降低。在工业 4.0 时

① 克劳斯·施瓦布：《第四次工业革命》，李菁译，中信出版社，2016。

期，随着数字化、网络化和智能化的发展，传统制造业领域的就业规模将会遭受巨大的冲击，信息物理系统将创造出大量的智能工厂、智能车间，工业机器人等智能化制造技术的广泛应用，工业生产的人机关系与组织结构将会产生极大的改变，重复性工作内容和可预测的程序性任务将会由低成本技术完成，大大减少了生产过程中的人力耗费。在德国，由于工业机器人等智能化设备在生产中的广泛应用，预计到 2025 年约有 61 万个组装、包装和生产类岗位将被削减[①]。除了由机器替换人之外，在“人工智能 + 制造”条件下，工作向智能化制造进一步的过渡将带动人机交互方式的再次升级，工业机器人与工人间更加高效、灵活的协作，将大幅提升制造业生产率。阿里研究院（2017）在报告中指出，人机合作是最优组合，其生产率比只有人或只有机器的团队高出 85%[②]。在第三产业，生产性服务业与高端生活性服务业所吸纳的就业规模将显著增加。数字经济促进了产业融合，模糊了产业边界，制造业与服务业的进一步融合将构建出新型生产服务体系，研发设计、管理咨询、信息中介、融资租赁、贸易运输等新型生产性服务业将迎来大发展，所吸收的就业数量将大量增加，跨界经营的复合型人才更容易脱颖而出。与此同时，云计算、大数据、人工智能等技术向生活性服务业的全面渗透，推动了养老医疗、体育健康、旅游文化、教育培训等高端生活性服务业的兴起，服务需求的大幅上升拉动了就业需求的显著增加。第一、二、三产业的就业人员占比，从 2010 年的 36.7%、28.7%、34.6%，到 2017 年已变化为 27%、28.1%、44.9%[③]，第三产业成为吸纳就业的主力军。人力资

① 波士顿咨询公司：《工业 4.0 时代的人机关系：到 2025 年，技术将如何改变工业劳动力结构?》，2016。

② 阿里研究院：《AI +：2016 人工智能影响力微报告——AI 对 8 大领域及法律规则的影响分析》，2017。

③ 张影强、张瑾：《如何促进数字经济创造就业》，《中国经济报告》2017 年第 5 期。

源和社会保障部的统计数据显示，2013～2016年，中国服务业就业累计增加6067万人，年均增长5.1%，高出全国就业人员年均增速的4.8个百分点，未来我国第三产业的发展空间仍然巨大，预计到“十三五”时期末，第三产业吸纳就业占比将超过50%①。

除了产业就业结构的改变外，数字经济的发展应用也会引起区域就业结构的调整。历史经验表明，从短期看，快速的技术变革速度和下降的生产成本会促进产业的区域转移，新一轮产业集聚更容易在率先推动第四次工业革命的国家和地区产生。从长期看，随着“工业4.0”的扩张和拓展，工业生产将由后发地区逐渐向科技研发水平较高而生产成本较低的发达地区转移，在产业体系重构的同时，劳动力区域结构也随之重新调整。从国际上看，发展中国家作为全球人力资源库，劳动力技术层次多样化，不仅可以较大程度上弥补本国劳动力需求缺口，在高水平的自动化与智能互联技术广泛应用的背景下，也为劳动力流向发达国家提供了高效便捷的条件。数字经济能够促进各个相关产业的发展，进而带动一地GDP的增长，从而能够全方位拉动就业增长，降低地区整体失业率。所以在数字经济发展程度较高的地区，失业率会显著低于其他地区。腾讯研究院在2018年发布的《中国“互联网+”数字经济指数（2017）》中指出，如果一省的“互联网+数字经济”指数增加1点，那么该省的城镇登记失业率将会下降0.02%，而新增城镇就业人数将大致上升1.73万人②。中国信息通信研究院发布的《中国数字经济发展和就业白皮书（2018年）》显示，广东、江苏、山东、浙江、上海等10个省市的数字经济规模在2017年超过了1万亿元，在全国数字经济规模排名前十五位的省份中有10个省份的数字经济吸纳就业规模排名依然在前十五

① 人力资源和社会保障部：《2017年度人力资源和社会保障事业发展统计公报》，2018。

② 腾讯研究院：《中国“互联网+”数字经济指数（2017）》，2018。

名，有13个省份的数字经济吸纳就业占比排名依然在前十五名（详情见表2），说明数字经济越发达的地区就业越好；其中，上海、北京、天津、福建、浙江、山东、广东等7个省市的数字经济吸纳就业占省市总就业的比重均在29%以上，湖北、辽宁、重庆、江苏、河北、江西、四川、广西、安徽等9个省市在21%～29%之间。

表2　2017年各省数字经济规模及吸纳就业排名（前十五位）

省份	数字经济规模排名	数字经济吸纳就业规模排名	数字经济吸纳就业占比排名
广东	1	2	7
江苏	2	4	11
浙江	3	5	5
北京	4	—	2
山东	5	1	6
上海	6	15	1
四川	7	6	14
福建	8	10	4
河南	9	3	—
湖北	10	7	8
重庆	11	—	10
安徽	12	9	0
天津	13	—	3
辽宁	14	—	9
陕西	15	—	—

资料来源：作者依据中国信息通信研究院2018年发布的《中国数字经济发展和就业白皮书（2018年）》整理。

二　数字经济带来的就业制度挑战

使每个有劳动能力的劳动者都能得到就业机会，被现代市场经济国家政府列为宏观调控的主要目标之一。实现劳动者的充分就业，需要将劳动力资源合理的配置和利用，这也是劳动就业制度内容规定的重要组成。以“三新”（新产业、新业态、新商业模式）为代表的数字经济的迅猛发展，平台化、跨界融合的特点，以及灵活就业方式和自由职业者的大量涌现，让原有的国民经济和就业统计体系、劳动保障法律法规、产业就业政策以及经济社会管理体制难以适应，给我国的劳动用工制度、就业保障制度、就业培训制度和就业服务制度等就业制度带来了挑战。

（一）劳动用工制度

用工制度规范劳动者与用人单位之间所建立的关系。随着数字经济与人工智能的发展，雇佣形式发生改变，传统的劳动关系之外会出现多种形态、呈现出多样化的新特征。传统经济下以工作岗位为主导的工作形态，正在转变为以工作任务为主导的工作关系。与正规就业人员长期固定的劳动关系不同，非全日制劳动者、临时雇佣人员、小时工等灵活就业人员的劳动关系更加多样化，表现出非正规、动态、短期等特点。从劳动需求来看，企业不必再采用单一形式的劳动合同；从劳动供给来看，个体就业方式的选择更加多样化。

劳动者工作时间更加灵活，工作地点和工作场所不再固定。劳动者不再受用人单位直接控制，而是通过平台与市场直接对接、进行价值交换，所以用人单位的差异化会越来越大。同时，企业面临的竞争环境也愈发激烈，这就要求企业必须以灵活的人事结构来应对当前的动态环境，进行人力资源管理模式的变革，培育出弹性化的人力资源雇佣模式。从个人企业的微观视角看，弹性化的雇佣模式有利于雇员更自主地安排个人时间，有利于企业组织根据客观环境灵活地调整人力资源策略，从国家社会的宏观视角看，也有利于促进就业，为经济发展带来积极影响。

未来很长一段时间里，依托互联网平台就业与传统就业将并存发展，并不断融合促进。除了以固定工作地点场所为主的全职劳动者外，无固定工作单位的兼职劳动者，和创新创业式劳动者也会大量涌现。随着互联网平台的兴起，很多劳动者开始通过第三方共享平台寻求多元化“零工”或自主创业。传统组织也会在技术兴起和应用过程中推衍出类似的灵活就业市场。新兴的“零工”拥有较高的技术和技能。为适应市场需要，根据市场临时组建服务平台，个体与平台之间不再是传统的个人和组织式的雇佣关系，而更多的是联盟与合作的关系，根据自身资源、技能获取报酬。新型劳动关系的出现，打破了传统组织中僵化的人事制度关系，但目前国内的相关制度还不能适应新经济、新就业的情况，这类劳动者的权益不一定能得到充分保障，对当前劳动力合同法等相关制度和规定提出挑战。

（二）就业保障制度

新的技术革命推动了商业模式和创新经济的发展，催生了灵活多样的就业形态，降低了交易成本，同时也为中国现有的社会保障制度带来了一定的挑战。首先，两极分化、贫富差距拉大，劳动者面临失业的压力增大。“机器换人”的浪潮会造成能熟练运用新技术的劳动者和被新技术替代了工作的劳动者之间的两极分化，这种两极分化已初见端倪。例如，有两年以上机器人制造业相关工作经验的人才，在东莞市月薪普遍过万元，而如果是被机器人替换下来的工人，即使获得再培训，转岗后薪水也要降低近1/3，即使转到其他地区从事原来的工种，不但收入有所下降，未来依然需要承担失业风险。

其次，劳动者收入来源不稳定、身份容易落入灰色地带、缺乏社会保障，未来发展面临很强的不确定性。数字经济在劳动力市场上所引致的各类新就业形态，均出现在劳动合同法颁布之后，所以无法被纳入合理的就业统计中。签订劳动合同、建立劳动关系、履行社会保障等过往的用工制度也随之被打破，进而挑战了就业市场的稳定性。很多网络平台将劳动者归类为独立承包人以逃避雇主应尽的责任，造成劳动者享受不到五险一金等福利。而一旦发生劳动争议，劳动者难以维权。

再次，数字经济的快速发展，使得现有法律法规无法适应就业形态的新变化。一方面，灵活就业无法受到现有的《劳动法》等社会保障政策的有效保护。《劳动法》以标准工时制为基础，不包括灵活用工，而《劳动合同法》较多关注的是在职职工，这些在一定程度上也会造成劳动力市场的僵化。另一方面，《社会保险法》和《社会保险费征缴暂行条例》等法律法规没能使灵活就业人员的社保问题得到有效处理。阿里研究院在 2016 年发布的《全国社会化电商物流从业人员研究报告》中指出，截至 2016 年初，全国 203 万电商物流从业人员中近一半的站点人员工作年限在 1 年以下，快递员跨省流动比例在 50% 以上，建立在“工厂 + 生产线”模式下和“劳动人员流动性低”前提下的现行社会保障体系，很难适应当下数字经济时代人才流动高频、多发的特点。

（三）就业培训制度

麦肯锡（2017）认为，作为第四次工业革命前沿的数字技术正在促进社会发生深刻的转变，这种转变的速度、规模、影响都要远大于之前任何一次的工业革命。随着数字经济时代的到来，一方面，随着传统产业改造升级的快速推进，新产业、新业态不断涌现，对高层次人才的需求大大增加，熟悉新一代技术领域的复合型人才、领军型人才的供给缺口进一步扩大；另一方面，劳动密集型企业的数量和优势日益降低，机器人替代下来的大量劳动者不具备转岗就业的职业素质，在短时间内难以胜任这种新变化，提高了中等技能或者低等技能劳动力的结构性失业风险。为了减缓进而扭转这一趋势，应当加强中低技能工人的培训以帮助他们重新就业。技术进步也意味着特定的工作技能会被更快地替代，人们需要更快地适应新的工作内容甚至更快地更换工作，意味着对职业再培训的需求增加。例如，机器人等新技术将会替代一些机械性、重复性的工作，当人们从被人工智能替代的制造业工作转换到新兴的服务业工作时，新增的工作机会则需要更多的顾客服务和销售技能、社交技能甚至数据分析技能。

（四）就业服务制度

就业服务体系是指为求职者和用人单位提供各种相关就业服务的机构、中介组织等的总称。目前我国的就业服务体系主要包括，由劳动保障部门所属的公共就业服务机构，同其他部门与社会办的就业服务组织。信息更新不及时不准确、服务功能不足以及服务手段贫乏等问题在我国的公共就业服务体系中一直存在。就统计调查体系来说，我国现有的就业统计体系存在着统计分类标准修订滞后、基本单位名录库更新维护不及时、全面调查有遗漏、抽样调查代表性不强、调查手段不够先进等问题，亟须调整。一方面，数字经济的内涵和外延界定不清，哪些行业或经济行为应该纳入数字经济的统计尚未明确，部分数字技术企业应归入哪类产业进行统计也难以确定；另一方面，在数字经济环境下，大量灵活就业涌现，而灵活就业却迟迟未能纳入国家正规就业统计体系。这些都会错误地估计甚至会大大低估数字经济对就业和经济的贡献。从管理体制来看，尽管国家不断推动简政放权、放管结合、优化服务等改革，但仍存在很多体制机制的问题制约数字经济发展。目前我国的社会管理制度多表现为层级管理、多头管理、区域管理，而数字经济具有去中心化、跨区域和跨行业的特征，很多业务属于不同的行业管理部门，现行条块分割的行政管理体制将会增加平台型企业的制度交易成本，也不利于数字企业的跨界融合。

三　国外应对数字经济对就业挑战的经验

从20世纪90年代“数字经济”概念诞生以来，各国政府就把发展数字经济作为推动经济增长的重要手段。其中，作为倡导数字经济的代表，美国、欧盟和英国在进入21世纪以来已出台诸多政策以推动本国本地区数字经济发展，以应对数字经济的挑战。

（一）美国经验总结

美国主要通过教育提升公民的数字技能以应对数字经济带来的就业和就业制度挑战。1991年，老布什政府颁布国家教育战略，提出在2000年要将有扎实数学和科学基础的教师数量增加50%，通过公立教育、私立教育、职业教育、技术教育以及其他计划，为所有工人提供从基础技术到高技术知识和技能的学习机会，帮助他们适应新技术、新工作方法和新市场，并且美国的大企业都要加强教育与就业的联系。2006年，小布什政府宣布实施《美国竞争力计划》，强调美国的优势必须通过保持在人才和创造力上处于领先位置才能实现。为了保证战略计划的实施，小布什政府制定了《小学数学行动》《中学数学行动》《高中改革计划》《国家安全语言计划》《教师培训计划》《建立国家数学小组》等一系列的配套改革计划。2011年，奥巴马政府发布的《美国创新战略》指出，人才、科研、基础设施是美国创新、创业的根本，要实施STEM提升计划，在教育和人力资源方面培养一批世界一流的人才队伍。为了吸引和留住国外人才，对于拥有STEM学科学士、硕士和博士学位的学生，2012年美国国土安全部将其学生签证的毕业后实习期延长17个月。2013年，美国国家科学与技术顾问委员会向国会递交《STEM教育战略规划（2013～2018年）》，以加强美国STEM领域的后备人才培养和储备。

（二）欧盟经验总结

欧盟主要通过三个方面提升数字经济带来的就业挑战。（1）做好制度设计。欧盟注重结合经济和行业需求，制定数字技能人才发展战略。2007 年，欧盟委员会发布《21 世纪数字技能：提升竞争力、增长和就业》，将其作为欧盟数字技能人才的长期战略。2016 年，欧盟委员会发布《数字技能框架 2.0》，进一步构建了衡量公民数字技能水平的指标体系，针对信息获取能力、信息交流能力、信息安全能力、内容生产能力和解决问题能力等 5 项数字技能，制定了包含 8 个层级的教育和培训目标，作为各国培养数字技能人才的指导依据。（2）整合多方资源。为了缓解数字化行业就业不足的问题，2016 年，欧盟发起成立“数字技能与工作联盟”及治理董事会，将欧洲中小数字化企业联盟、欧洲学校网络、欧洲投资基金、各国政府的工业、信息化及教育培训主管部门纳入联盟的统一管理框架中，为中学和高校的在校学生、数字工作者等提供相匹配的教育、培训与技能认证服务。（3）鼓励教育机构培养技能人才。欧盟充分依托欧洲学校网络、欧洲大学协会等社会组织，将其数字技能人才理念与实践在各成员国学校进行推广。在数字科技教育方面，欧盟以学校网联合各国推动 STEM 教育，整合各国教育资源，包括师资培训、共享教材、大量运用开放教育资源提供开放课程，协助欧盟各国加速推动各项 STEM 计划。此外，欧盟为了营造数字人才培养的良好氛围，还创办欧洲“数字技能大赛”，以此吸引和鼓励教育机构设置有关培训课程。

（三）英国经验总结

2017 年，为了应对数字经济对劳动和就业带来的挑战，英国政府颁布了《英国数字战略》，实施数字技能与包容性战略，大力推进全民数字素养和数字技能培训，为每个人提供所需的数字技能，对英国打造世界领先的数字经济和全面推进数字转型进行全面部署。其具体内容包括：（1）将数字技能融入教育，一方面将编程作为中小学必修课程，另一方面设立专项基金支持教师进修计算机编程课程；（2）推行国民服务计划，帮助16~17岁的年轻人积累包括数字经济在内的工作技能；（3）推行终身学习，确保英国人在离开了正式的教育之后，依然能够不断提升自身的数字技能；（4）实施免费的数字技能培训，作为公共成人教育的一部分，确保每一个缺少基本数字技能的英国人可以接受到免费的数字技能培训。此外，为了保持战略推进的一致性和协调性，英国政府也积极推动各大公司、地方政府、地方企业以及公益慈善组织参与数字技能培训的相关项目。例如，改革科技教育体制，让雇主制定技能标准与需要的特殊知识；建立线上学习平台，投资2000万英镑设立机构提高英国数字技能培训的质量；开发通用的数字技能语言，使科技产业界能够明确表明其所需要的数字技能，而学校的学生也能够理解其数字职业生涯。

四　我国应对数字经济对就业挑战的建议

为应对数字经济对就业市场和就业制度所带来的各项挑战，我国要做好数字经济大环境下就业服务的顶层设计，推动从工业经济的“千人一面”到数字经济下“千人千面”的转变，实现人口红利向人才红利的跨越发展。为了实现数字经济的全部潜力，政府一要完善就业相关法律和社会保障制度，提高制度和政策的灵活性和普惠性；二要重视数字人才培养、数字技能培训，加强数字人力资源开发；三要构建全国统一的就业信息服务网络，优化就业服务体系；四要努力发展新产业、新业态，充分发掘数字经济的就业创造能力。

（一）完善就业相关法律和社会保障制度，提高制度和政策的灵活性和普惠性

为了应对数字经济带来的就业结构、就业形式、就业用工制度和就业保障制度的挑战，要完善相关法律和社会保障制度，提高我国就业相关制度和政策的灵活性和普惠性。我国现有的《劳动法》和社会保障制度是在传统的“公司 + 雇员”的体制下制定的，主要侧重于对标准工时制的职工权益进行保护，缺乏对灵活就业人员的保障。因此，为了应对数字经济带来的就业弹性化和对劳动用工制度、就业保障制度的冲击，一方面建议完善相关法律法规和社会保障制度以适应数字经济的要求，另一方面建议提高相关政策的灵活性。例如，应适时启动修改《劳动法》，最大限度地将广大劳动者纳入法律保护范围，加强对新型劳动关系的有效规范；对于灵活就业人员，国家应积极地制定更加灵活的社会保障政策，在缴费基数、比例、年限等方面可以降低门槛、灵活服务，设计适合灵活就业形式的社会保险形式及标准。在政策方面，应调整财税政策以适应数字经济模式下的经济贸易行为，保护交易双方和政府的合法权益。

建设普惠性的基本社会保险体系。完善失业预警机制，稳步提升各项社会保障待遇以匹配经济发展水平。可以借鉴国际经验，推动失业保险等社会保障政策目标的转变，从福利保障转向促进就业，如附加享受失业保险的条件、设计科学的失业保险金给付制度等。然后是建立完善的失业人员扶持政策。针对不同的失业人群，要有针对性的失业救助制度和就业援助计划相匹配，比如针对不同技能、不同知识层次的劳动者进行有区别的再教育和培训。

（二）重视数字人才培养、数字技能培训，加强数字人力资源开发

为了应对数字经济带来的就业技能、就业机会、就业培训制度的

挑战，要重视数字人才培养、数字技能培训，加强数字人力资源开发。首先，在培养培训对象上，一方面加强数字人才教育，建立健全高等院校、中等职业学校学科专业动态调整机制；另一方面可依托职业学校、成人学校、各类培训机构和企业，对农村剩余劳动力开展技能培训，以此提升他们的就业能力。其次，在培训内容上，加强数字技能培训，并针对新成长劳动力、失业人员等不同群体，施以不同层次的数字技能培训；通过资源整合打造实践功能突出的数字技能实训基地。再次，在培训方式上，一方面可以通过发展“互联网＋”的教学和技能培训模式创新培训方式；另一方面要吸引社会力量参与到数字人才培训计划中，深化校企合作、产教融合。最后，在培训机制上，建立劳动者终身职业培训体系，开发一批在线开放课程平台，方便劳动者随时随地利用碎片化时间学习，最大限度地减少由产业结构调整而带来的结构性失业冲击。

（三）构建全国统一的就业信息服务网络，全面优化就业服务体系

为了解决我国就业服务制度中存在的劳动就业培训和服务机构职能重叠、培训内容雷同、信息提供不及时等问题，建议完善劳动就业服务机构的管理机制。首先，构建全国统一的就业服务信息网络。在内部，加强政府各部门的协调统一；在外部，加强与企业、高校等相关组织的信息沟通共享。在高校合作方面，例如，可以健全企业、高校间的需求反馈通道，汇总企业的岗位需求及与岗位所匹配的能力要求标准，将这些劳动力市场中所显示的需求传递给各类院校，推动高校专业设置的优化，使教育培养更加适应劳动力市场的需求。其次，完善统计口径、调查方法等就业统计指标体系。加快推进全国就业信息监测平台建设，充分利用大数据，对于重点地区、重点群体、重点岗位的就业动态变化，做到密切关注、及时分析预测，提高劳动市场

供需匹配度。优化职业分类，在职业分类中体现工作技能水平，根据行业分类结合职业工作分析法，建立职业数据库，完善职业分类体系，使国民经济行业分类标准更好地匹配市场的就业需求。

（四）积极发展新产业、新业态，充分发挥数字经济的就业创造能力

为了应对数字经济对就业机会和就业结构带来的压力，要大力扶持数字经济新产业、新业态的发展，充分发挥数字经济的就业创造能力。一是推广平台型经济发展，鼓励各类生活服务平台的建立，鼓励各领域传统企业线上线下融合发展；二是推动分享经济的发展，鼓励分享经济企业更多地吸纳灵活就业。在支持措施上，政府加大在融资、土地、税收、公共服务等方面给予数字经济创业者更多政策支持。例如，在税收政策上，提供减免利息税等优惠政策，并加快制定电子商务税费优惠政策；在金融政策上，搭建创业融资平台，提供低息创业贷款；在公共服务政策上，降低创业准入，完善失业人员、高校大学生、农民工、复员转业军人等特殊人员的创业创新支持政策，打造系统性创业配套制度环境，帮助创业者降低创业成本。

参考文献

D. Acemoglu, P. Restrepo. The Race Between Machine and Man: Implications of Technology for Growth, Factor Shares and Employment [J]. *Nber Working Papers*, 2016.

D. Acemoglu. Technical Change, Inequality, and the Labor Market [J]. *Journal of Economic Literature*, 2002, 40 (1).

Decanio. Robots and Humans-Complements or Substitutes? [J]. *Journal of Macroeconomics*, 2016, 49.

Frey，Osborne. The Future of Employment：How Susceptible are Jobs to Computerisation?［J］. *Technological Forecasting & Social Change*，2013，114.

Lawson，Daniel. Automation and Its Effects on the Workforce［M］. Dissertations & Theses-Gradworks，2010.

Reed，Lansley. *Universal Basic Income：An idea Whose Time has Come?* London：Compass.

Srnicek，Williams. The Future isn't Working［J］. *Juncture*，2015，22（3）.

World Bank Group（2018），*World Development Report 2018：Learning to Realize Education's Promise.*

Zon. *Would a Universal Basic Income Reduce Poverty.* Maytree Policy Brief，2016.

阿里巴巴集团：《阿里巴巴集团 2017～2018 年社会责任报告》，2018。

阿里研究院：《AI +：2016 人工智能影响力微报告——AI 对 8 大领域及法律规则的影响分析》，2017。

阿里研究院：《全国社会化电商物流从业人员研究报告》，2016。

阿里研究院：《数字经济 2.0 报告》预测，2017。

波士顿咨询公司、麻省理工学院：《企业如何跨越“AI 应用鸿沟”》，《机器人产业》2017 年第 6 期。

波士顿咨询公司：《工业 4.0 时代的人机关系：到 2025 年，技术将如何改变工业劳动力结构?》，2016。

波士顿咨询公司：《迈向 2035（上）：4 亿数字经济就业的未来》，2017。

波士顿咨询公司：《迈向 2035（下）：攻克数字经济下的人才战》，2017。

波士顿咨询公司：《机器人和 AI 崛起，服务型经济的春天来了》，《科技中国》2018 年 2 期。

布鲁金斯学会：《数字化和美国劳动人口》，2017。

滴滴：《2017 年滴滴出行平台就业研究报告》，2017。

郝建彬：《数字经济下新就业形态顶层设计的思考》，《人才资源开发》2017 年第 12 期。

纪雯雯：《数字经济与未来的工作》，《中国劳动关系学院学报》2017

年第 12 期。

科技部：《2017 中国独角兽企业发展报告》，2018。

克劳斯·施瓦布：《第四次工业革命》，李菁译，中信出版社，2016。

蓝志勇、刘洋：《美国人才战略的回顾及启示》，《党政视野》2017 年第 2 期。

玛丽·米克尔：《2015 年全球互联网趋势报告》，2015。

麦肯锡：《人工智能的未来之路》，2017。

美国国家远程通信和信息管理局：《在网络中落伍：定义数字鸿沟》，1999。

逄健、朱欣民：《国外数字经济发展趋势与数字经济国家发展战略》，《科技进步与对策》2013 年第 8 期。

清华大学、复旦大学、摩根大通：《中国劳动力市场技能缺口研究》，2016。

清华大学：《中国经济的数字化转型：人才与就业》，2017。

全球企业中心：《平台公司的崛起：一项全球调查》，2016。

人力资源和社会保障部：《2017 年度人力资源和社会保障事业发展统计公报》，2018。

商务部：《中国电子商务报告（2017）》，2018。

世界经济论坛：《2016 全球人力资本报告》，2016。

世界经济论坛：《未来就业（2018）》，2018。

世界银行：《2016 年世界发展报告：数字红利》，2016。

世界银行：《2019 年世界发展报告：工作性质的变革》，2018。

腾讯研究院：《中国“互联网 +”数字经济指数（2017）》，2018。

英国国会：《英国数字经济报告》，2017。

张地珂、杜海坤：《欧盟数字技能人才培养举措及启示》，《世界教育信息》2017 年第 22 期。

张茉楠：《新工业革命冲击全球劳动力市场》，《上海证券报》，2016 年 7 月 27 日，第 9 版。

张影强、张瑾：《如何促进数字经济创造就业》，《中国经济报告》2017 年第 5 期。

智联招聘：《2016 年秋季中国雇主需求与白领人才供给报告》，2016。

智联招聘：《2018 年夏季中国雇主需求与白领人才供给报告》，2018。

中国信息通信研究院：《中国数字经济发展白皮书（2017）》，2017。

中国信息通信研究院：《中国数字经济发展和就业白皮书（2018）》，2018。

G.8 我国非标准就业的发展及对劳动关系的影响

王永洁*

摘　要： 非标准就业在全球范围内的增长引起国际社会的广泛关注。我国非标准就业的规模较大，分布在不同的行业中。既要适应非标准就业的增长，也要加强引导和规范。需要提高相关政策保护的弹性、包容性和覆盖率，将非标准的劳动关系纳入劳动关系调解范畴。在劳动关系的认定上，应当适应非标准就业和非标准劳动关系的发展，以包容性、灵活性、高覆盖为原则，积极探索新型劳动力市场制度建设，加强相关法律制度建设、就业质量评估和监测、宣传工作和组织建设。

关键词： 标准就业　非标准就业　劳动关系

一　导言

党的十九大报告指出，要提高就业质量和人民收入水平，完善政府、工会、企业共同参与的协调机制，构建和谐劳动关系。在我国，伴随着经济结构优化升级、技术进步、共享经济的发展和劳动力市场技能需求

---

* 王永洁，政治经济学博士，中国社会科学院人口与劳动经济研究所助理研究员。

的变化等，用工形式日益多样化、灵活化，非标准就业日渐广泛。非标准的就业形式下包括非全日制就业、劳务派遣用工、隐蔽性雇佣、远程工作等形式，劳动关系相应呈现出一些新的特征和变化，劳动关系的主体、劳动者的诉求和劳动争议的形式也更为复杂和多元化。非标准就业的兴起是全球性现象，在国际上也引起了广泛的关注和讨论。2016 年，国际劳工组织发布了全球非标准就业报告。报告指出，非标准就业成为全球劳动力市场的显著特征，其重要性在发达国家和发展中国家都有所提高，在各个行业和职业中的应用也日益广泛（ILO，2016）。数据显示，在发展中国家，非标准就业的比例长期居高，在传统的与标准就业相关的行业也出现了非标准就业的增长（ILO，2016）。在西方发达国家和地区，非标准就业的应用范围也日益广泛。欧盟总结出近年来欧洲兴起的一系列非标准就业形式，包括共享员工、共享职位、依托于信息和通信及技术（ICT）的相对自由流动劳动、大众型就业、协同型就业以及临时工作安排和现场结付型雇佣（Eurofound，2015）。

非标准就业有利于扩大就业、增强劳动力市场灵活性、缓解就业压力和应对多元化的劳动力市场需求。其积极意义还在于，非标准的就业形式能够为劳动者提供相对灵活的就业安排、办公方式和工作地点，一些高技能或特殊技能的劳动者可以通过非标准就业获得更高和多重收入。非标准就业呈现出多元化和极化的特征，非标准就业既包含非稳定就业中的临时性就业、兼职和非正式的就业安排，也包括一些高人力资本水平的职业精英（Mckeown，2005）。非标准就业也不乏是劳动者自主选择的结果，OECD 的报告发现，在经济发达国家，如奥地利、卢森堡、瑞士、荷兰、比利时等国家，一些非标准就业的选择往往是自愿的（OECD，2015）。

另外，非标准就业是一种相对不稳定的就业形式，与之相伴随的是收入不稳定和社会保障的缺失，整体而言，非标准就业劳动者处于相对脆弱的地位。长期来看，非标准用工的发展不利于整体人力资本的提升，对企业绩效、生产率和创新能力均有不利影响，对整个劳动力市场而言，非标准用工的发展也加强了劳动力市场的碎片化，给经济稳定带来一定的不利影响（ILO，2016）。非标准就业的发展为就业质量的提高、劳动者的权益保障与和谐劳动关系的构建带来一定挑战。

之所以关注非标准就业，很重要的一点在于，在很多国家和地区，标准就业是劳动法律法规和社保体系设计的依据，而非标准就业、非标准劳动关系的调整以及用工单位职责和义务的明确等方面，则缺乏足够的法律依据。在我国也同样存在这种情况，目前，一些非标准用工和对非标准就业群体的保护尚未纳入我国现行劳动力市场制度框架中，由非标准就业带来的劳动争议和纠纷的解决以及对非标准就业劳动者的权益保障缺乏相应的法律和制度依据。

我国经济的转型升级和实现高质量发展，离不开公平、高效、和谐的劳动力市场，高质量发展对就业和劳动关系也提出了更高的要求。因此，需要深刻认识我国非标准就业的内涵和外延，把握我国非标准就业的规模和特征。在适应非标准就业的发展和发挥其积极作用的同时，加强和完善劳动力市场制度建设，为非标准就业者提供相应的权益保障。这对于提升就业质量、有效应对劳动关系中的新问题和挑战具有重要意义。

二　标准就业与非标准就业的界定

非标准就业是国际上较为前沿的研究议题，目前，关于标准就业与非标准就业的界定尚未达成一致认识，而我国关于非标准就业的研究相对空白。非标准就业与以往研究较多的非正规就业存在一些交集，但也存在重要区别，两者属于不同范畴和不同领域的讨论，分别提供了观察劳动力市场的不同视角。非标准就业关注就业的标准性，而非正规就业关注就业的合规性。非标准就业关注就业安排和就业模式是否为传统的、全日制、单一雇主雇佣关系；而非正规就业关注就业部门是否为登记注册的企业或个体经济部门，以及劳动者是否签订劳动合同并参加社会保险，在概念界定上关注就业部门和工作两个维度。另外，由于劳动力市场制度设计的基础假定在标准就业的基础上，因此，非标准就业与非正规就业存在重要的交集。如一些学者指出，非标准雇佣包括被法律保护覆盖的正规非标准雇佣和在法律或在实践中未被法律保护覆盖的非正规非标准雇佣（钱叶芳，2018）。

与“非标准就业”相对应的是“标准就业”。相关研究认为，标准就业指全日制用工、长期雇佣、劳动者在雇主提供的办公场所工作受雇主的监督，劳动者与单一雇主产生雇佣关系，在标准雇佣下，雇主的解雇权受到严格限制，劳动者享受相应的劳动权利、社会保障和福利（Kalleberg，2000；Connelly & Gallagher，2004；OECD，2015；李骏，2018）。

根据国际劳工组织的定义，标准雇佣关系是指全日制、无固定期限、构成雇主与雇员双方从属雇佣关系一部分的工作，在此范围之外的就业为非标准就业，包括临时性就业、非全日制就业、临时介绍所工作和其他多方雇佣关系、隐蔽性雇佣关系及依赖性自雇就业，具体分类见表1（ILO，2016）。

表1　国际劳工组织对非标准就业的划分

类型	具体分类或界定
临时性就业	固定期限合同用工、以完成项目或一定工作任务为期限的合同用工、季节性用工、零工和日结工资的工作
非全日制就业	长时间非全日制（21～34小时/周）、短时间非全日制（不多于20小时/周）、边缘非全日制（少于15小时/周）和没有固定最低工作时间的协议（如待命工作和零小时合同）； 许多国家在劳动法律中通过设定具体的工作时长定义了非全日制工作

续表

类型	具体分类或界定
多方雇佣关系	劳务派遣、经纪和劳动雇佣
隐蔽性雇佣和依赖性自雇	通过借第三方雇佣工人,或通过不与工人签订雇佣合同而与其签订商务合同或合作合同的方式来掩盖雇主身份,同时雇主以一种与工人的独立身份不相符的方式指挥并监督其工作

资料来源：ILO（2016）。

国际劳工组织关于非标准就业的定义和分类，为我们理解和界定非标准就业提供了重要参考，但由于不同国家和地区经济社会发展阶段、劳动力市场制度和规范的差异，不同背景下对“标准”的界定依据有所不同。应当审慎地沿用和借鉴国际劳工组织对非标准就业的界定。国际劳工组织将固定期限合同用工定义为非标准就业，这主要是基于西方发达国家就业的情况，其主流的劳动合同类型是无固定期限劳动合同，只有季节性或临时性工作才能签订固定期限合同。这与我国的情况有很大不同，固定期限合同用工是我国重要的用工形式，且享受严格的劳动法律保护。我国自 1994 年颁布实施《劳动法》以来，正式引入了劳动力市场机制，形成了以《劳动合同法》、《劳动争议调解仲裁法》、《最低工资条例》、《就业促进法》、社会保障制度以及积极的就业政策和其他劳动力市场政策为基石，司法手段、劳动监察、公共财政投入为干预手段的劳动力市场制度框架（都阳，2014）。都阳（2014）的研究，从劳动合同内容的严格性、临时合同规制的严格性、集体解雇规定的严格性等方面对我国劳动力市场就业保护的严格性进行测算，发现我国劳动力市场严格程度综合评分为 3.3 分，高于 OECD 国家的平均水平（2.3 分）。这意味着，我国现行的劳动力市场制度具有明显的就业保护倾向，所提供的就业保护水平是相当高的，而签订固定期限劳动合同的劳动者同签订无固定期限劳动合同的劳动者一样，同样受到十分严格的就业保护和法律保护。

基于我国现行劳动力市场制度和规范，固定期限合同用工应当纳入标准就业范畴。因此，我们将标准就业定义为劳动者与用人单位签订无固定期限劳动合同和固定期限劳动合同（不包括劳务派遣）的用工，以及机关和事业单位的正式用工；而在此范围之外的就业为非标准就业，包括非全日制用工、多方雇佣关系（典型的是劳务派遣）、临时性雇佣（以完成一定工作任务为期限的用工和季节性用工）和非雇佣关系或隐蔽性雇佣关系用工（隐蔽性雇佣或依赖性自雇）等。

三　我国非标准就业的规模、分布与特征

本文使用由中国社会科学院人口与劳动经济研究所于2016年组织实施的第四轮中国城市劳动力调查（China Urban Labor Survey，简称CULS）数据，分析我国非标准就业的规模、分布和特征。该调查在上海、广州、福州、武汉、沈阳和西安6个城市组织实施，对抽取的城市本地户籍人口和外来人口进行问卷调查。调查涵盖被访户的所有家庭成员，调查内容包括住户成员基本信息、家庭收支、工作情况、教育和培训、社会保障等。在每个城市，以主城区常住人口为总体，采取与规模成比例的概率抽样方法（PPS）进行抽样。抽样分两个阶段进行，先抽选居委会，再在居委会内抽选住宅。样本对被调查城市具有代表性。

我们将标准就业定义为劳动者与用人单位签订无固定期限劳动合同和固定期限劳动合同（不包括劳务派遣）的用工，以及机关和事业单位的正式用工；而在此范围之外的就业为非标准就业。以此概念为依据，在排除了农业就业人员和家庭帮工之后，被调查的

6个城市中，在16岁及以上、目前正在工作的劳动者中，标准就业的占比为65.05%，非标准就业的比例为34.95%，这其中包括非全日制用工、劳务派遣、季节性用工、以工作任务和项目为基础的临时性用工、非雇佣关系和隐蔽性雇佣关系用工等所有排除无固定期限合同用工、固定期限合同用工以及机关和事业单位正式用工的就业形式。非标准就业的比例在各城市之间存在较大差异（见图1）。在武汉和沈阳两个城市，非标准就业的占比高达43%以上。我国非标准就业的规模较大，其发展不可忽视，既要积极适应其发展，也要加强引导和规范，注重相关劳动关系的调整和对就业质量的评估、监控及提高。

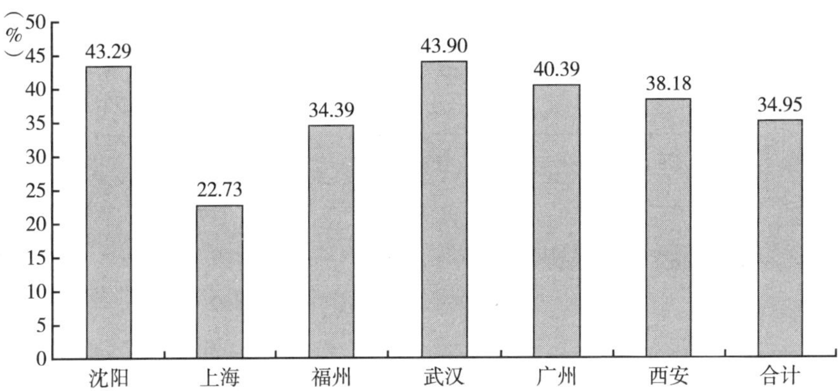

图1　中国相关城市非标准就业的比例

资料来源：根据2016年中国城市劳动力调查数据计算得到。

从劳动者的就业身份和单位性质来看，非标准就业者中48.91%为个体工商户，27.24%分布在私营企业中（见表2）。从行业分布来看，非标准就业群体密集在批发和零售业（32.97%）、居民服务、修理和其他服务业（15.56%）、住宿和餐饮业（11.84%）等行业；而制造业、建筑业以及交通运输仓储和邮政业这三类行业也占据一定的比例，分别为7.83%、6.69%和6.31%（见表3）。

表 2　标准就业与非标准就业群体的就业身份和单位性质

单位：%

单位性质	标准就业	非标准就业	合计
机关事业单位	19. 14	3. 18	13. 59
国有或集体企业	25. 85	5. 43	18. 75
外资企业	8. 50	1. 06	5. 92
私营企业	43. 36	27. 24	37. 76
个体工商户	0. 79	48. 91	17. 51
其他	2. 36	14. 18	6. 47
合计	100. 00	100. 00	100. 00

资料来源：根据 2016 年中国城市劳动力调查数据计算得到。

表 3　标准就业与非标准就业的行业分布

单位：%

行业	标准就业	非标准就业	合计
制造业	16. 53	7. 83	13. 50
电力、热力、燃气及水生产和供应业	3. 65	0. 80	2. 66
建筑业	4. 93	6. 69	5. 54
批发和零售业	9. 96	32. 97	17. 96
交通运输、仓储和邮政业	7. 93	6. 31	7. 37
住宿和餐饮业	3. 98	11. 84	6. 71
信息传输、软件和信息技术服务业	7. 22	1. 75	5. 32
金融业	6. 83	1. 54	4. 99
房地产业	2. 85	1. 24	2. 29
租赁和商务服务业	3. 40	2. 73	3. 17
科学研究和技术服务业	2. 41	0. 50	1. 74
水利、环境和公共设施管理业	1. 34	1. 02	1. 23
居民服务、修理和其他服务业	6. 83	15. 56	9. 86
教育	7. 18	2. 94	5. 71

续表

行业	标准就业	非标准就业	合计
卫生和社会工作	5.04	1.88	3.94
文化、体育和娱乐业	2.48	2.38	2.45
公共管理、社会保障和社会组织	7.44	2.02	5.55
合计	100.00	100.00	100.00

资料来源：根据2016年中国城市劳动力调查数据计算得到。

研究发现，在工作满意度、就业收入水平、工作时间、工会会员代表和社会保险的参与等方面，非标准就业与标准就业存在较为明显的差距。非标准就业呈现出以下特征：工作满意度低、工资水平低、超时工作严重、社会保险覆盖率低、工资权益保障差。非标准就业群体的整体就业质量较差，在劳动力市场中处于相对弱势的地位。第一，在工作满意度方面，非标准就业者的整体工作满意度较低。非标准就业者对工作非常不满意和不太满意的比例分别为0.91%和11.02%，明显高于标准就业者的占比（0.42%和5.80%）；非标准就业者对工作满意和非常满意者的比例分别为44.22%和4.41%，均低于标准就业者（分别为57.01%和6.74%）。第二，在工资收入方面，非标准就业者的平均月收入为4806.76元，相当于标准就业者的76.31%。这一差距体现在小时工资方面更为明显，非标准就业者的平均小时收入为23.34元，仅相当于标准就业者的65.71%。第三，在工作时间方面，非标准就业者每周工作时长为54.95小时，比标准就业者高11.74小时。参照每周40小时的职工工作时间规定，非标准就业者超时工作的比例为71.32%，而标准就业者超时工作的占比只有29.52%。第四，在参与社会保险方面，非标准就业者与标准就业者存在较大鸿沟。在参加基本养老保险、基本医疗保险、失业保险、工伤保险和生育保险方面，非标准就业群体的参保比例依次比标准就业群体低 54.32%、55.27%、58.07%、57.21%和 53.50%。缩小社会保险覆盖率的差异、提升非标准就业者参与社会保险的比例是未来劳动力市场制度建设中需要重点关注的问题。第五，在工会会员比例方面，标准就业群体中工会会员的比例为 33.00%，而非标准就业者为 3.68%。即使在非标准就业劳动者工会会员比例最高的武汉，其占比也只有 6.15%，而占比最低的广州，仅为 0.47%。这表明，在劳动者代表和集体谈判能力方面，非标准就业者明显处于弱势。第六，在最低工资标准方面，非标准就业群体中工资低于当地最低工资标准者的占比为 7.25%，而这一比例在标准就业群体中为 2.42%。这一定程度上反映出，非标准就业群体的工资权益保障情况相对较差。

四　非标准就业对劳动关系的影响

从非标准就业的规模来看，我国非标准就业的平均占比达到 34.95%，而沈阳、武汉和广州三个城市的非标准就业占比在 40% 以上。从行业分布和单位性质来看，非标准就业的分布较为广泛，呈现出多样化特征。对于这 34.95% 的非标准就业群体而言，其面临的首要问题是劳动关系的认定。在我国，劳动关系特指劳动者与其所在单位在劳动过程中发生的关系，劳动合同是劳动关系的认定基础，劳动关系的主体包括劳动者和用人单位。一些新兴的非标准就业形式下，如平台经济和共享经济下兴起的基于网络平台的就业形式（网约车司机和外卖快递员等），劳动关系的主体、客体及各自的权利义务均发生了重要变化，一定程度上是去劳动关系化的。由于雇佣关系和劳动者身份的模糊和不明确，其劳动关系属性趋于弱化，这为劳动者权益保护带来了负面影响。国际劳工组织将这种借第三方雇佣工人，通过与劳动者签订商务合同或合作合同（而非雇佣合同）的方式，来掩盖其雇主身份的就业，定义为隐蔽性雇佣或依赖性自雇（ILO，2016）。隐蔽性雇佣和依赖性自雇是近年来兴起的新的就业形式，较多地出现在平台经济用工中，表面看起来像是雇主和雇员的关系，但“雇主”并不需要承担雇主的职责。其目的或实际结果是避免或弱化法律保护（ILO，2016）。

国内学者开展的一些研究也为理解劳动关系的变化提供了有益的参考。例如，郭志刚和刘昌宇（2017）认为，新型劳动关系下，雇佣方获得了用工弹性以应对环境的变化，却也失去了对员工的绝对控制力；员工获得了对等的权利和选择的自由，却也相应承担了更多自我管理发展的责任。王文珍和李文静（2017）认为，平台经济的发展加剧了用人单位的小微化、非正规化，扩大了兼职劳动、非全日制用工等灵活就业形式的应用，这在充分利用闲置资源、扩大就业及促进经济发展方面发挥了积极作用，但也剥夺了部分劳动者的劳动权利和职业安全感，相关劳动权益保障问题日渐凸显。

当然，非标准就业也对劳动关系有一些积极意义。纪雯雯和赖德胜（2016）指出，网络平台让更多的人参与就业，网络平台劳动力市场降低了就业歧视。陈微波（2016）认为，在共享经济背景下，人力资本所有者与物质资本所有者关系趋于平等，劳动关系模式趋于弹性化、多重化和开放性。

随着非标准就业的发展，现行劳动法律法规的适用性引起越来越多的讨论，应当及时关注非标准就业的发展趋势，并将一些新问题的出现和管理纳入法律法规建设中。应积极调整相关劳动法律法规以适应新型劳动关系，同时应注意改革的稳健性，积极探索实现扩大就业、增强劳动力市场灵活性的目标，与保护劳动者权益、提高就业质量的目标之间的平衡。

目前来看，我国的劳动力市场制度建设已经较为完善，标准就业群体（无固定期限合同用工和固定期限合同用工）和部分非标准就业群体（劳务派遣用工、以完成一定工作任务为期限的劳动合同用工、非全日制用工）被纳入劳动力市场制度保护中。然而，仍有大量的非标准就业，尤其是非雇佣关系用工和隐蔽性雇佣等新形式的非标准就业处于现行劳动力市场制度框架之外。该部分就业产生的劳动争议和纠纷的解决以及对该就业群体的保护缺乏相应的法律依据和制度保障。将这一就业类型和相关劳动者纳入现行劳动力市场制度框架中，是未来劳动力市场制度建设和改革的一个重要领域。

现行的《劳动合同法》《劳动法》等与就业和劳动关系相关的法律法规，主要依托标准就业形式，至于如何管理和覆盖非标准就业关系，建议出台专项法规政策，为相关劳动关系的管理及用人单位职责的界定提供法律依据。标准就业的特点是雇员与单一雇主产生雇佣关系，而在非标准就业中劳动者有可能存在两个及以上的雇佣者，这主要存在于两种情况。一个是非全日制工作安排下，劳动者可能有多个雇佣者；另一个是劳务派遣情形下，劳动者与派遣公司签订劳动合同形成劳动关系，劳务派遣公司是法律意义上的用人单位，而劳动者实际上在用工单位工作。因此，在相关职责和义务的界定上，存在一定的模糊地带，这使得劳动者处于相对不利的地位。此外，非标准就业情况下，劳动者的参与和融入水平较低，也不利于和谐劳动关系的构建。

五　结语与建议

面对非标准就业的发展，既要适应这一变化，也要加强对非标准就业的引导和规范。非标准就业有利于增强劳动力市场的灵活性、应对多元化的劳动力市场需求和缓解就业压力。但是从对劳动者个人的权益保障、实现高质量就业与构建和谐劳动关系等方面而言，非标准就业的发展为实现这些就业目标带来一定冲击。因此，在保持劳动力市场的灵活性、发挥市场主导作用的前提下，应注重对非标准就业群体的保护和对该就业形式的规范，使劳动者受益于其就业。

我国的劳动力市场制度为界定、管理和规范劳动关系提供了制度框架；地方政府也纷纷出台了一系列旨在促进就业、提升劳动者人力资本水平和保障劳动者权益的法律实施细则与劳动力市场政策。然而，当前的劳动力市场制度建设和改革更多的是被动的和问题解决型的，即为应对某一具体的挑战或负面效应，如劳动供给不足、就业结构性矛盾、就业歧视和人力资本水平低等问题进行制度设计；而在“构建”层面，依然任重道远。既要积极应对传统的就业问题和劳动关系问题，也要及时关注我国就业和劳动关系的新变化和发展趋势，坚持以人民为中心的发展思想，以多赢共赢、共建共享、包容覆盖为原则，以实现更高质量和更充分就业为目标，在促进就业的过程中解决好劳动关系问题，统筹处理维护劳动者权益、促进企业发展和促进经济社会发展的关系。这需要提高相关政策保护的弹性、包容性和覆盖率，将非标准的劳动关系纳入劳动关系调解范畴。在劳动关系的认定上，应当适应非标准就业和非标准劳动关系的发展，以包容性、灵活性、高覆盖为原则，积极探索新型劳动力市场制度建设，加强相关法律制度建设、就业质量评估和监测、宣传工作和组织建设。

首先，应规范和引导非标准就业，合理调控非标准就业规模。由于非标准就业内部的多元化和异质性，对不同形式的非标准就业应有不同的发展定位。例如，由于非标准就业与非正规就业之间存在重要交集，而非正规就业处于劳动法律保护范畴之外，对于非标准、非正规的就业应限制其发展。一个有效的调控措施是，通过法律或行政干预手段，限制非标准就业的适用领域和岗位，限制其用工数量和比例，将非标准用工限制在一些临时性和辅助性的工作岗位上，而在固定需求岗位上限制使用非标准用工，在总量和比例上控制非标准就业。

其次，应重视提高非标准就业的就业质量。非标准就业的整体就业质量较低，表现为工作满意度低、工资水平低、超时工作严重、社会保险覆盖率低、工会会员比例低、工资权益保障差等。应当加强对非标准就业的就业质量评估，形成相关评价体系，从劳动者的工作稳定性、工作时间、收入水平和工作满意度等方面，评价和界定非标准就业存在的主要问题，分别施策，重点提升在工资收入、工作时间、社会保险和工资权益保障等方面的就业质量，以促进人人享有体面劳动。

再次，社会上依然存在对非标准就业的偏见和将非标准就业群体标签化的倾向，应当加强宣传非标准就业对于经济发展的积极意义，减少对非标准就业和非标准就业群体的歧视和偏见。充分利用新闻媒体和网站，发挥媒体作为劳动关系多元治理主体之一的积极作用，加强正面的舆论导向。避免对非标准就业的标签化，避免非标准就业与非正规就业、非稳定就业等概念的混淆。

最后，应加强非标准就业劳动者的集体谈判能力，在劳动者代表上，要创新管理模式，不局限于依托工会这一种形式，积极发挥多元协调机制和基层组织的代表作用和谈判能力。未来应当进一步强调基层调解组织建设，重视并充分发挥行业工会、街道（乡镇）的基层调解组织作用和社区的作用，形成多元化劳动争议调解组织体系。

参考文献

陈微波：《共享经济背景下劳动关系模式的发展演变》，《现代经济探讨》2016 年第 9 期。

都阳：《劳动力市场制度的国际比较及其对中国的启示》，《劳动经济研究》2014 年第 2 卷第 4 期。

郭志刚、刘昌宇：《国外劳动关系发展变革及其对我国的启示》，《理论与改革》2017 年第 1 期。

纪雯雯、赖德胜：《网络平台就业对劳动关系的影响机制与实践分析》，《中国劳动关系学院学报》2016 年第 4 期。

李骏：《非稳定就业与劳动力市场分割——对内地与香港的比较研究》，《社会学研究》2018 年第 5 期。

钱叶芳：《非标准雇佣与非正规就业：区分、交集与调整》，《中国劳动》2018 年第 4 期。

王文珍、李文静：《平台经济发展对我国劳动关系的影响》，《中国劳动》2017 年第 1 期。

Connelly, Catherine & Daniel Gallagher（2004）. Emerging Trends in Contingent Work Research. *Journal of Management*, 30（6）.

Eurofound（2015）. New Forms of Employment. Luxembourg: Publications Office of the European Union.

ILO（2016）. Non-standard Employment Around the World: Understanding Challenges, Shaping Prospects. Geneva: ILO.

Kalleberg, Arne（2000）. Nonstandard Employment Relations: Part-time, Temporary and Contract Work. *Annual Review of Sociology*, 26（1）.

Mckeown, Tui（2005）. Non-standard Employment: When Even the Elite are Precarious. *The Journal of Industrial Relations*, 47（3）.

OECD（2015）. In It Together: Why Less Inequality Benefits All. Paris: OECD Publishing.

G.9

应对新技术革命的一个可行政策工具：全民基本收入

程 杰 张雪梅*

摘 要： UBI从理念和现实经历了几百年的历程，过去几十年在国际上的一些试验为其积累了丰富的经验。中国在新一轮技术革命中的引领角色和新技术广泛应用基础为UBI试验提供有利条件，而当前社会保护体系的不健全尤其是覆盖率和瞄准率问题较为突出，更是成为UBI试验的推动力，中国特色社会主义制度也理所当然地为UBI发展提供独特的保障。从长期来看，UBI在中国发展的主要问题是筹资和管理，技术因素不会成为主要制约。筹资是首要挑战，若按照2017年全国农村平均低保标准每人每年4300元估算，据此当年全部国民每人无条件地获得现金转移支付，当年UBI总资金投入需要达到6万亿元，相当于当年GDP的7.3%，短期内这一投入强度难以达到，但可以考虑低水平起步，随着国民经济发展水平逐渐调整提高，筹资渠道也可以多样化，至少可以考虑以下三个渠道：一是财政直接拨付；二是国有企业收益划转；三是具有社会

* 程杰，管理学博士，中国社会科学院人口与劳动经济研究所，副研究员，研究方向：社会保障与就业。张雪梅，中国社会科学院上海人民政府上海研究院、上海大学，硕士研究生。

责任感的企业和社会组织捐赠。

关键词： 全民基本收入 新技术革命 政策工具

新技术革命为当前世界经济社会发展带来新的挑战，新技术带来新的生产方式和就业模式，基于传统劳动关系的社会保障体系面临冲击。全民基本收入（Universal Basic Income，UBI）再次引起关注，由政府或公共部门提供，旨在无差别针对全体公民的无条件现金保障机制，能够更好地包容受到人工智能等新技术影响的群体。世界已有不少国家正在积极开展试验。中国在新一轮技术革命浪潮中处于引领者的角色，具备较好的探索试验的基础条件，全民基本收入是否可以成为中国新时期社会保护体系的一个政策选择呢？本章将对全民基本收入的发展背景和基本内涵以及国际上主要的试点进展进行介绍，结合中国实际情况探讨开展全民基本收入的可行性。

一 UBI 产生背景与基本内涵：从现实到空想

从历史上看，全民基本收入起源于“乌托邦”这一梦想。早在1516年，托马斯·摩尔在其著名的《乌托邦》中提到，“一个没有犯罪的社会，正是因为它可以为每个人都提供基本的生活资料，从而没有人会有想成为一个小偷的必要。”他注意到一个现象，死刑判决似乎并没有减少，16世纪英国的偷窃、暴力和杀人等行为，一个普遍收入或许是可以替代的办法。这一政府应该保障每个人维持生活所必需的最低收入的设想，为全民基本收入的诞生提供了思路。在此之后，胡安·卢斯·维韦斯于1526年向布拉格市的市长表达了第一份基本最低收入的建议，他建议给贫民提供最低收入。孟德斯鸠在

1748 年将贫民这一范围扩展到全民，他指出“国家有责任给全民提供安全的生活手段、饮食、合适的衣服和对健康无害的生活方式。”在 19 世纪，卓梵·沙利耶和约翰·穆勒也提出了“基本收入”一词。进入 20 世纪，托马斯·潘恩在 1975 年主张建立一个国家基金，基本思路是让每个公民（无论贫困或富有），只要年满 21 岁都可获得 15 英镑，基本收入的理念逐渐具体化。

学者们开始讨论基本收入的概念界定。菲利普·范·派瑞斯（2008）将基本收入定义为“无需对个人进行资产调查，也没有劳动要求，所有成员以个人为单位从政治组织领取的定期收入”。他在《全体真实自由：还有什么能够为资本主义辩护?》一文中指出，基本收入是在没有经济状况审查和工作要求的前提下，一个政治共同体向所有成员支付的一项收入。由此可以引申出基本收入的几个特点：第一，它是以现金而不是以实物支付的。它没有任何消费、投资的用途，也没有时间限制，在多数情况下，它是作为基本消费需求（如免费教育或医疗保险）的补充而非替代。第二，周期性支付而非一次性赠予。第三，由政治共同体支付。基本收入可以由政府筹资，也可以由国家内的部分政治组织筹集和支付，如省或社区。第四，给所有成员。基本收入支付给共同体内的每一个成员，而并不像现有大多数最低收入保障计划，根据家计调查支付给特定的家庭或户主。第五，没有经济状况审查。基本收入最惊人的特点无疑是支付给穷人和富人同样的金额，这并不意味着富人的境况变好。相反，穷人的收益比率可能比带有经济状况审查的计划高。因为作为公民，每人收到一份福利没有羞辱感，不会降低穷人的收益率。而且，基本收入计划将解决失业陷阱，让穷人不必为了满足基本生活需要而从事条件恶劣的工作，或者增加穷人讨价还价的资本，可以获得更高的工资。第六，没有工作要求。基本收入计划既不考虑当前的工作绩效，也不考虑工作意愿。

新技术革命在加快经济社会变革的同时，也在为基本收入计划试验提供发展空间。新技术加速劳动力市场分化，社保体系的筹资和支付压力增大。新技术革命是一个创造性毁灭的过程，人工智能等新技术变革将成为人类历史上又一大转折点，这一轮技术革命对于人类社会的颠覆程度更为深远。根据麦肯锡研究估算，相对于19世纪工业革命，人工智能对社会的冲击速度比过去快10倍，影响范围比过去大300倍。新技术革命将加速劳动力市场分化，世界银行《2016年发展报告：数字红利》研究显示，20世纪90年代以来一些国家的中等技能水平岗位（以普通职员、设备操作和装配人员为主）明显下降，高技能水平岗位（以管理者、专业技术人员为主）、低技能水平岗位（以服务员、销售员为主）的数量和占比都在提高，这意味着新技术正在加快替代常规性工作。未来二十年间美国大约47%的工作岗位，英国35%的工作岗位，OECD国家57%的工作岗位，可能被人工智能代替。我国人工智能发展速度迅猛，已成为世界上最大的机器人市场，常规重复性岗位正在被加速替代，传统以“工薪税”方式为主的社保体系将面临新挑战，稳定缴费群体减少，而遭受技术冲击失业和需要被救助人员将增加，养老保险体系稳定运行难度加大（程杰，2017）。

新技术变革加快改变传统就业方式，新型就业模式已经不适用于现行社保体系。新技术催生大量新业态、新岗位，共享经济下涌现很多弹性工作和平台型就业，就业方式更加灵活，工作场所、时间不固定，没有传统意义上的雇佣合同和劳动关系。根据日本统计局公布的数据，日本的灵活就业者比例从1990年约20%提高到2005年33%，2016年接近40%。根据英国国家统计局数据，在劳动法规严格的情况下，灵活就业者比例从2000年12%左右持续提高到2016年的18%。非标准就业（Non-standard Employment）蓬勃发展是一个全球趋势，基于标准就业设计的社保制度和劳动法规不适用于非标准就业，越来越多的就业者被排斥在社保体系之外，无法享受基本的社保权益，也不利于社保体系的良性运转。新技术变革带来的新现象、新挑战对现行社保体系提出新要求，这提醒我们，要重新思考和设计社会保障体系。

二 UBI 在国际上的试验进展：从空想到现实

进入工业化时代，经济发展水平迅速提高，社会公平成为人类发展的追求目标，全民基本收入开始具备理论与现实的基础，现代社会保障体系面临的自身问题也成为 UBI 发展的推动力。全民基本收入真的能解决那些社会保障制度难以解决的问题吗？是现代社会可行的一个政策选择吗？世界上一些国家在条件具备地区尝试进行小范围的试验，以此来探讨全民基本收入的可行性，这些试验不论成功与否，都积累了丰富的经验，为 UBI 在未来的探究和发展提供富有价值的借鉴。

尼克松的家庭援助计划——Freedman（1962）在《资本主义与自由》一书中提出，资本主义是与人类自由最相容的制度，但它仍然无法彻底解决贫穷问题，仅有一个工具可以在不扭曲或阻碍市场机能和融资的情况下帮助人们，那就是负所得税。他的这一理念在美国得以实施，托马斯·史班达（2018）介绍了这一计划的提出过程及实施效果。1968 年，美国总统约翰逊成立一个委员会，专门负责研究美国福利制度的替代方案，最终推荐了一项“基本收入支持计划”。尼克松提出的“家庭援助计划”应用了负所得税的思想，将基本收入以负所得税的形式来发放，美国有若干城市和州将这一做法进行了小范围的试验，丹佛的试验从 1971 年持续到 1982 年，涉及 4800 多户家庭。从行为反应的层面上来看，负所得税的实施使不少年轻人的工作时间减少了，这主要是因为他们获得了基本收入之后选择重返校园。从消费去向来看，负所得税的实施使得相当一部分额外支出仍然投向生活必需品，但并没有把人们从贫困中解救出来。

美国阿拉斯加州的永久基金分红制度——周建军等（2006）详细介绍了阿拉斯加的永久基金分红制度。阿拉斯加州是美国自然资源最丰富的地区之一，丰富的矿产资源为阿拉斯加州与美国带来了源源不尽的财富，该州公民投票决定设置一个永久基金，将该州至少25%的州石油资源及相关收入划拨给永久基金。从1982年到2004年，阿拉斯加州已经连续22年为该州公民发放社会分红，数额每年几百到上千美元不等。社会分红的发放是由一个独立于政府之外运行的资源永久基金公司来负责的，分红的发放条件仅是在阿拉斯加州连续居住达半年以上的该州公民。金炳彻（2017）认为该制度与基本收入最为相似，该制度基于政府每年给所有人提供同等额度的现金而实施，可以说是全世界唯一现存的真正履行基本收入职能的一项制度。

巴西的家庭补助金计划——亚历山德罗·平莎妮等（2015）介绍了巴西的家庭补助金计划，该计划将补助金分发给人均收入等于或少于每月70雷亚尔（大约35美元或21欧元）的个人或家庭。巴西2011年的月均收入为783雷亚尔（390美元或237欧元），而同年的月最低工资是678雷亚尔（335美元或205欧元），2014年增加到724雷亚尔（360美元或220欧元）。该计划的受益者必须满足两个条件：如果该家庭有孩子，那么孩子必须经常去学校并经常进行免疫接种，否则就将失去补助金。至2014年1月，基本补助金增加到70雷亚尔。15岁以下的学龄儿童人均有32雷亚尔的可变补助金，每家最多有5个孩子可领取，19岁以下的青少年人均有38雷亚尔的可变补助金，每家最多有2个孩子可领取，在任何情况下，每家得到的可变补助金不超过5个孩子。因此，一个有3个15岁以下儿童和2个19岁以下青少年的家庭，其最高补助金为242雷亚尔（120美元或

73 欧元）。对于孕妇和 6 个月以下的婴儿，还有特别补助金，但这些补助金的发放有时限。此计划实施所需要的资金由税收承担，主要来自于巴西银行进行金融交易时所征收的联邦税。金炳彻（2017）认为该计划需要进行资产调查，尽管具有较强的普惠性质，但供给以家庭为单位，不能完全符合全民基本收入的主要特征。

纳米比亚共和国的基本收入试验——从 2008 年 1 月到 2009 年 12 月，纳米比亚共和国实施基本收入试验，这是基本收入试验的代表性案例。该项试验计划在纳米比亚最贫困的村庄之一面向 930 名居民每人提供每月 100 纳米比亚元的补助。该项计划是通过非政府的德国基督教组织捐款等手段筹集了所需要的资金。试验结果显示，这一基本收入计划有效地改善了极端贫困状态，居民生活显著改善，失业率也有所降低。但遗憾的是，纳米比亚并没有在全国范围整体推行基本收入计划。此外，非洲类似的肯尼亚全民基本收入试点项目也得到关注，劳拉·泰森和列尼·门多萨（2017）介绍了肯尼亚的试点项目，肯尼亚的试验为测试者提供一份足以摆脱贫困的基本收入。在大约 40 个偏远贫困村的 6000 名成年人，每天能够领取 75 美分，连续领 12 年。从试验视角来看，该类计划的供给主体（非政府组织）和权利性（试点项目）未能满足基本收入的条件（金炳彻，2017）。

印度的基本收入试验——从 2011 年 6 月到 2012 年 8 月，自雇女性联盟在联合国儿童基金会支持下，在印度中央邦的指导下进行了基本收入试验。该项目不分性别和年龄，给所有人无条件地提供现金支持。被选中的 8 个村的居民被确定为基本收入计划支持对象，每月提供成人每人 200 印度卢比（3.7 美元）、儿童每人 100 印度卢比（1.9 美元）的现金。第二年补助标准分别上涨为 300 印度卢比（4.6 美元）和 150 印度卢比（2.3 美元）。另外一个场地试验选择印度最为贫困的部落村庄实施。试验结果显示，基本收入计划大大改善了印度儿童的营养不良状况，降低了儿童辍学率，基本收入可以作为解决贫困问题的有力工具。

芬兰的基本收入试验——在 2015 年的一个全国性民调中，芬兰民众表达了对 UBI 政策的支持，而每月发放 1000 欧元被认为是最合适的 UBI 标准。2017 年 1 月开始，芬兰开始实施一个为期两年的 UBI 实施计划，这一举措令人欢欣鼓舞，并备受社会关注。但是，筹资问题迎面而来，为保障 UBI 政策的可持续，研究估算显示，需要将个人所得税调高到统一的 55% 高水平。如此一来，一系列的政策变化究竟让谁收益成为争论焦点：最富有的群体实际上并不受太大影响，他们本来税赋就高；影响较大的是中产阶级以及中上阶层，他们需要为此支付更多的税赋，而且，即便加上 UBI 收入所得仍然净损失。不出意料，之后的一次民调显示，若将税率统一提高到 55% 作为前提条件，支持 UBI 的民众从之前的 70% 大幅下降到 30%（托马斯·史班达，2018）。由此可见，基本收入的资金来源对于政策实施尤为重要。

三　UBI 在中国的未来：一个基础优良的试验田

全民基本收入尽管在国内尚未得到充分的重视，相关深入研究也不多，究其原因，可以包括两个方面（梁豪等，2017）：第一，国内学界对基本收入方案的介绍与研究尚处于起步阶段；第二，目前讨论主要集中在无条件基本收入的基本理念，而针对具体方案的可行性研究较少。党爱民等（2004）全面论述了“按人发钱”的思想，在资本家欲将卖不掉的“牛奶”倒掉的时候，假设政府主导出台举措，按照人口数平均发放适当数量的货币，提高普通居民整体的购买力，以便让资本家能够将“牛奶”卖给穷人，则可以使穷人改善生存状况，也可以降低资本家的破产风险，而国家也能够维持社会稳定，这不失为在生产过剩条件下的一个帕累托改进措施。崔之元（2006）

受到美国阿拉斯加州全民基本收入计划启发，提出组建“中国人民永久信托基金”的设想，基本理念是高垄断收益应造福全体人民而不是为少数特权部门和群体独占，国有企业的收益应该全民共享，通过将国有企业利润划拨给“中国人民永久信托基金”，再将利润直接分给每个公民，从而实现人人享有“社会分红”。蔡恒进（2008）则从人民币国际影响力和购买力角度，提出了以人民币升值红利为基础直接给全民发钱的构想。

应对新技术变革的挑战需要考虑劳动与资本、技术之间利益关系再平衡，探索更广泛、更适用的社会安全网（程杰，2017）。社保体系筹资方向需要考虑从“人”转向“技术”，世界上机器人使用程度最高的韩国，过去近二十年间失业率持续提高，目前正在探索征收“机器人税”以补偿对劳动者损失，大胆突破传统思维有助于我们在新形势下探寻改革出路。新技术催生的非标准就业人员以及遭受冲击的失业人员，需要寻求新的制度将其纳入保障体系，全民基本收入应该作为一个政策选择予以考虑。

全民基本收入政策工具或许可能较好地克服社会救助体系实施过程中面临的普遍性难题。以最低生活保障制度为核心的中国社会救助体系在弱势群体社会保护和贫困削减方面发挥了积极作用，但瞄准机制、管理成本等始终是有待解决的难题。一是城乡低收入和贫困群体实现应保尽保的挑战始终存在，仍然有一部分需要被救助的群体游离在制度之外。根据国家统计局城镇住户调查数据测算全国35个大中城市的低保瞄准率，发现城市低保覆盖面仅占应保人群的大约1/3，低保识别瞄准率不到70%（王有捐，2006）；而Chen & Ravallion（2005）同样利用国家统计局住户调查数据测算显示，43%获得低保的家庭不具备资格，72%的应保家庭未享受低保。二是实际覆盖群体和覆盖率相对于庞大人口规模仍然偏低，导致社会救助的贫困削减较弱。王美艳（2015）利用2010年六个大城市住户抽样调查研究显示，低保收入转移后城市贫困发生率没有降至零，而仅仅下降了0.2～0.3个百分点；Golan et al.（2015）研究发现中国农村低保也存在类似问题，总体减贫效果并不明显，主要原因在于覆盖人群较少。三是社会救助体系不适应日益加快的城镇化和人口流动新形势。以本地户籍人口为瞄准对象的社会救助体系导致“新市民”和流动人口被遗漏在制度之外，近年来城市最低生活保障覆盖人群已经连续下降，但并不意味着城市中实际贫困人口和低收入家庭的规模绝对减少，也并不意味着城市中低保需求人员减少，快速城镇化进程中形成的常住流动人口处于中低收入阶层，实际上并未被城市低保制度和其他社会救助制度广泛覆盖。四是多部门分割的救助体系导致资金使用效率较低，一般现金转移支付与专项支持之间存在重叠，社会救助体系的经办机构管理水平也有待提高。2020年全面建成小康社会目标要求实现全面脱贫，最后脱贫的群体往往也是脱贫难度最大、搜寻和操作成本最高的攻坚对象，UBI不失为全面脱贫攻坚的可行政策选择。

UNDP（2017）指出，至少从三个方面而言，中国有机会落实UBI。首先，中国集聚国内资源的能力不断提升，这很大程度上有利于消除贫困，并为将来实现UBI提供了极大可能性。其次，中国科技创新的飞速发展使多种电子支付工具得以广泛应用，这将从现金流动的分配等方面有效促进UBI的有效管理。最后，中国坚定地希望实现可持续发展目标，并将消除贫困和实现包容性增长排在发展日程的首位，专注于总体可持续发展框架的政治意愿将刺激政治观点的创新，并为UBI等方案打开“机遇之窗”。

但与此同时，UNDP（2017）也提出中国UBI的试验面临诸多挑战。第一，UBI到底应该普及至何种程度。是否每个人都应该获得基本收入，全民基本收入是否应当在所有地区都采用统一的准入标准？第二，政府是否有足够的管理能力。管理能力这一概念在此意味着与

UBI 融资有关的两个方面，一方面，政府是否愿意在 UBI 上投入资金？另一方面，政府是否有能力为 UBI 提供或筹集足够的财政资源？第三，如何为 UBI 提供资金支持？建立 UBI 并非易事，尤其是对于中国这样一个大国来说。由于通货膨胀的压力和生活标准的不断提高，提供基本收入的难度逐渐增大。第四，能够不费力气获得钱的想法可能会与政府想要推行和吸引贫困人口的价值观相冲突。政府的政策旨在鼓励自我增长，激活并最大限度地发挥贫困人口自我发展的潜能，力求避免赡养游手好闲之人，并努力减少贫困人口的被动行为和对外来资助的过度依赖，这一政策出发点似乎与 UBI 相悖。

UBI 从理念和现实经历了几百年的历程，过去几十年在国际上的一些试验积累了丰富的经验。中国在新一轮技术革命中的引领角色和新技术广泛应用基础为 UBI 试验提供有利条件，而当前社会保护体系的不健全尤其是覆盖率和瞄准率问题较为突出，更是成为 UBI 试验的推动力，中国特色社会主义制度也理所当然地为 UBI 发展提供独特的保障。对于 UBI 的一个重要质疑在于无排他性的转移支付可能导致有限的资源被分散的使用，尤其对于富裕群体的边际效用很小甚至几乎为零，但作为公民基本权利的体现也无可厚非，而且，UBI 的实施也可能存在正外部效应，诸如提升公民认同感、完善居民信息系统建设等，UBI 在理论上仍然具有探讨价值。

在我国有条件的地区开展局部范围的 UBI 试验是可行的，局部地区试验在理论与实践方面都具有长远意义。从长期来看，UBI 在中国发展的主要问题是筹资和管理，技术因素不会成为主要制约。筹资是首要挑战，若按照 2017 年全国农村平均低保标准每人每年 4300 元估算，据此当年全部国民每人无条件地获得现金转移支付，当年 UBI 总资金投入需要达到 6 万亿元，相当于当年 GDP 的 7.3%，短期内这一投入强度难以达到，但可以考虑低水平起步，随着国民经济发展水平提高逐渐调整。筹资渠道也可以多样化，至少可以考虑以下三个渠道：一是财政直接拨付；二是国有企业收益划转；三是具有社会责任感的企业和社会组织捐赠。

参考文献

Brian Barry，Real Freedom and Basic Income［J］. *Journal of Political Philosophy*，1996（09）.

Chen Shaohua，Martin Ravallion（2005），*Decentralized Transfers to the Urban Poor*：*China's Di Bao Program.* World Bank Working Paper，memo.

Friedman，*Capitalism and Freedom*［M］. Chicago：University of Chicago Press，1962.

Jennifer Golan，Terry Sicular，Nithin Umapathi（2015），*Unconditional Cash Transfers in China*：*An Analysis of the Rural Minimum Living Standard Guarantee Program*，Policy Research Working Paper 7374，Social Protection and Labor Global Practice Group，World Bank Group，July.

United Nations Development Programme（UNDP）. *Universal Basic Income*：*A Policy Option for China beyond 2020*? UNDP China Office，July 2017.

World Bank. *World Development Report 2016*：*Digital Dividends.* Washington DC：February 2016.

蔡恒进、曹晓丽、黄政：《为全民建立社会保障个人账户的构想——人民币升值红利的再分配》，《经济社会体制比较》2008 年第 1 期。

程杰：《加快推进新时代社会保障体系建设》，《中国发展观察》2017 年第 21 期。

崔之元：《市场经济中的公有资产与全民分红》，《商务周刊》2006 年第 17 期。

党爱民：《过剩经济学》，广东经济出版社，2004。

菲利普·范·派瑞斯：《基本收入：21 世纪一个朴素而伟大的思想》，《国外理论动态》2008 年第 6 期。

金炳彻：《基本收入的学理构思与模型研究》，《社会保障评论》2017

年第2期。

劳拉·泰森、列尼·门多萨：《“天上掉馅饼”的全民基本收入设想》，《中国经济报告》2017年第4期。

梁豪、刘科：《真实自由、资源平等与基本收入——派瑞斯无条件基本收入方案的政治哲学维度》，《南昌大学学报》2017年第3期。

托马斯·史班达：《那些关于“全民基本收入”的事儿》，《IT管理世界》2018年第7期。

王美艳：《中国最低生活保障制度的设计与实施》，《劳动经济研究》2015年第3期。

王有捐：《对城市居民最低生活保障政策执行情况的评价》，《统计研究》2006年第10期。

亚历山德罗·平莎尼、瓦尔基里娅·多米尼克·莱奥·雷戈：《巴西的扶贫政策：家庭补助金计划对受益者的影响》，《国外理论动态》2015年第8期。

张蕴岭：《值得思考的“全民基本收入”试验》，《世界知识》2017年第10期。

周建军、黄胤英：《社会分红制度的历史考察：阿拉斯加的经验》，《经济社会体制比较》2006年第3期。

Abstract

2018 is the 40th year of reform and opening-up. Driven by economic reforms and opening-up to the outside world, China's population development has made historic and tremendous progress, completed the demographic transition, greatly improved the population quality and population urbanization level, and highly active population movements, contributing to the social and economic development. Demographic Dividend. Since the beginning of the 21st century, the emergence of the "Lewis turning point", the current labor force growth is stagnant; the accelerated reduction of the working-age population and the accelerated growth of the elderly population will lead to a continuous increase in the population dependency ratio; the aging trend is increasingly dominated by the growth of the elderly population. Intensified. These trend changes have not only directly changed the situation and tasks faced by population development, but also brought huge and far-reaching impacts on social and economic development.

The 2019 anniversary of the founding of New China is also a crucial year for achieving the goal of building a well-off society in an all-round way. The stability of the employment situation is crucial. The employment work should focus on the following aspects: First, properly respond to the potential employment impacts accumulated in the process of overcapacity and local debt risk in the past few years, and actively carry out employment transfer, skills training and Social security-related work; second, monitor the poor and poverty-stricken families. The employment situation, continue to promote employment poverty alleviation work, enhance the effectiveness of poverty alleviation; third, pay attention to the employment situation in frontier ethnic areas, net outflow areas, resource depletion areas, etc., to prevent local large-scale unemployment; fourth, continue to graduate from colleges and universities Employment of key groups such as students and veterans, as well as new phenomena such as retiring or reemployment, re-employment of rural migrants, and implementation of relevant employment policies.

In response to the challenges brought by the digital economy to the job market and the employment system, China should do a good job in the top-level design of employment services in the digital economy environment and promote the "thousand people" of the industrial economy to the "thousands of people" in the digital economy. The transformation of "face" has realized the leapfrog development of the demographic dividend to the talent dividend. In order to realize the full potential of the digital economy, the government should improve employment-related laws and social security systems, improve the flexibility and inclusiveness of institutions and policies; pay attention to digital talent training, digital skills training, and strengthen digital human resource development; A unified employment information service network to optimize the employment service system; Fourth, we must work hard to develop new industries and new formats, and fully explore the employment creation capabilities of the digital economy.

Keywords: 40 years of Reform and Opening-up; Population; Urbanization; Income Distribution; New Economy; New Work

Contents

I General Report

G. 1 Forty years of Population Development in China (1978 -2018)
Li Jianmin / 001

Abstract: Looking back on the development of China's population, we can see that China has entered an aging stage dominated by the growth of the elderly population. From 1970 to 2010, the elderly population aged 65 and over increased by 83. 2 million, with an average annual net increase of 2. 08 million, while the population of children under 15 decreased by 9. 17 million, with an average annual net decrease of 2. 25 million. Therefore, the dominant force of aging in this period was the fertility change that began in 1970 and the subsequent low fertility rate. During this period, the level of aging increased from 3. 76% to 8. 40% , with an average annual increase of 0. 12 percentage points. The latter stage starts in 2011 and ends around 2040. Since 2011, China's elderly population has entered a period of rapid growth. In 2010 -2040, the elderly population will increase by 224 million people, with an average annual growth rate of 3. 62% , an average annual net increase of 7. 46 million. In the 1950s and 1960s, the birth peak cohort will all enter old age. With the rapid growth of the elderly population, the total population will begin to grow negatively around 2018. These two opposite trends further increase the speed of aging development. The level of aging will reach 23.84% in 2040, with an average annual increase of 0.51 percentage points. Compared with the previous stage, the aging rate in the medium-term stage has increased three times. Therefore, the dynamic mechanism of China's aging has been transformed into a leading force for the growth of the elderly population. Although the achievements of education and health care have laid a good foundation for future population development, the historical relevance of population changes has also brought new problems and challenges. China's social and economic development has entered a new era. Correct understanding of the future population development situation, active response to new population challenges from material basis, human capital, technology, system and culture, fully tapping the potential of population development, timely prevention of population risks, and promotion of balanced population development should be taken as the strategic starting point for future population development in China.

Keywords: Population Development; Population Dividend; Fertility Rate

Ⅱ Review: 40 Years of Reform and Opening-up

G.2 Review and Prospect of China's Employment Development in the Past 40 Years of Reform and Opening-up *Cheng Jie* / 032

Abstract: China is an economy with multiple transformations and overlaps. Its economic structure, industrial structure and labor market structure are all changing at an unprecedented speed. The labor market is facing potential risks of differentiation. In the new era, China's employment development will still face many complex situations. To promote employment priority strategy in the new era, we need to pay attention to the following aspects: firstly, we should continue to adhere to the major strategy of employment priority, constantly enrich more active employment policies, establish an employment policy system that is coordinated with macroeconomic policies and adapted to the construction of modern economic system, and keep the employment situation stable. Secondly, we should continue to implement the strategy of strengthening the country with talents to meet the needs of economic structural transformation and industrial upgrading, and build a large and efficient human resources team. Thirdly, we should promote the implementation of entrepreneurship-driven employment, continue to create a good market environment, improve the labor factor market, effectively reduce institutional costs, guide and encourage private investment, stimulate economic vitality, and strive to create more high-quality jobs. Fourthly, we should innovate the labor market policy and establish a skill training system suitable for economic development and industrial transformation, so as to keep the skills renewal and technological development of the unemployed in step. Fifthly, we should strengthen supply-side reform, solve the contradiction between workers'skills and market demand, increase investment in human capital, expand skills training for ordinary workers through multiple channels, and especially give full play to the leading role of enterprises in skills training, so as to reduce the risk of structural unemployment.

Keywords: New Era; Employment Quality; Social Security

G. 3 Review and Prospect of Wage and Income Distribution Reform in China *Zhang Juwei*, *Zhao Wen* / 056

Abstract: From the primary distribution, China's labor income share has been improved in recent years, but the actual wage level is disadvantageous to the workers. From the secondary distribution, the income of the residential sector accounted for about 54% of national income, still far from reaching a reasonable level. Nearly one-third of the residents ' income has become uncontrollable due to tax payments. From the income gap of residents, the Gini coefficient of our country has been hovering in high position. To establish a reasonable distribution order, we need to give full play to the decisive role of the market, so that all kinds of factors to achieve a reasonable return. We need to rationalize the income gap so that the fruits of economic growth benefit the entire population better. In order to reverse the disadvantage of workers, the starting point of personal income tax should be greatly increased, and the average wage should be pegged to achieve annual automatic adjustment.

Keywords: Income distribution; Labor Income; Resident Income; Gini Coefficient

G. 4 China's Rural Industrialization and Urbanization: 40 Years of Urban-Rural Labor Transfer *Xiang Jing* / 075

Abstract: Looking back on the process of rural labor transfer in China in the past 40 years, it is found that, influenced by the policy environment at different stages, rural industrialization and urbanization in China can be roughly divided into four stages: the first stage, 1978 –

1992, rural non-agricultural transfer driven by township enterprises, and the second stage, 1993 –1996, rural expansion driven by the mode of "leaving the country but not leaving the country"; With the acceleration of labor migration, urban development began to take great strides; the third stage, 1997 – 2012, globalization promoted the leap-forward development of urbanization in China; the fourth stage, from 2013 to now, new urbanization and rural revitalization, "two legs" stride forward to promote the non-agricultural transfer of rural labor force. At present, 210 million people are still employed in the agricultural sector, but the added value of agriculture accounts for only 7.9% of GDP. Continuous promotion of non-agricultural transfer of labor force is the only way to achieve shared development and improve economic quality. We should actively remove the institutional barriers to population mobility, optimize the mechanism of labor allocation, and speed up rural non-agricultural transfer.

Keywords: Labor Transfer; Urbanization; Rural Industrialization

Ⅲ Prospects: New Work in the New Era

G.5 Employment Quality of New Employment Forms in China: A Case Study of Drip Travel Platform *Zhang Chenggang* / 091

Abstract: This study constructs an evaluation index system for the employment quality of new forms of employment, and takes the work of dropping platforms as an example, evaluates the employment quality of dropping platforms from macro, platform and micro levels, summarizes the characteristics of the employment quality of new forms of employment, and puts forward corresponding policy recommendations. The report shows that the drop-by-drop platform has created 3. 06 million flexible employment opportunities, which has played a significant role in improving labor productivity and reducing unemployment. The income level and income stability of the new employment form are better than those of the traditional informal employment, and even some indicators are higher than those of the traditional formal employment. The new employment pattern will be an important way to solve the employment problem and improve the quality of social employment.

Keywords: New Forms of Employment, Employment Quality; Drip

G. 6 Has the Use of the Internet Increased Workers' Incomes?

Li Biao / 107

Abstract: The development of the Internet not only has a great impact on the labor market pattern, but also affects the employment ability and income level of the workers. This article uses the Chinese general social survey data on Internet use will affect the individual salary to carry on the empirical analysis, using OLS regression, Heckman two-phase model and QR regression analysis of the whole sample, different income groups, the characteristics of the groups of different skills, the study found that: first, individual Internet use behavior can make individual annual income increased by 46. 52% ; second, the use of the Internet has a significant impact on middle-income and low-income people, and has no significant impact on high-income groups. Specifically, the use of the Internet increased the wages of employed workers in the 25% and 50% quantile respectively by 11950. 23 and 8371. 39 yuan respectively; third, the income of high-skilled workers using the Internet increased by 83.39%, well above the overall sample regression results, and the use of the Internet had no significant impact on low-skilled workers.

Keywords: Internet use; Income; Employment Polarization; Skilled Worker

G.7 Challenges and Responses of Digital Economy Development to Employment Market and Employment System

Wang Boya, Deng Liqian / 128

Abstract: The rapid development of digital economy is profoundly changing the production and life style of human beings. On the one hand, the rapid development of digital economy makes digital skills become basic employment skills, makes the employment mode more and more flexible, and makes the industrial employment structure and regional employment structure suffer significant impact, which not only destroys many employment posts, but also generates many new employment opportunities, and brings many challenges to the employment market. On the other hand, the characteristics of digital economy platform and cross-border integration, as well as flexible employment mode and the emergence of freelancers, make the existing national economy and employment statistics system, labor security laws and regulations, industrial employment policy and economic and social management system difficult to adapt, and give China's labor employment system, employment security system, employment training system and employment services. Employment systems, such as the system, also pose enormous challenges. Based on the experience of foreign countries, this paper puts forward four suggestions to cope with the challenges of China's digital economy to the employment market and employment system: first, to improve the employment-related laws and social security system, improve the flexibility and inclusiveness of the system and policy; second, to attach importance to the cultivation of digital talents, digital skills training, and strengthen the development of digital human resources; third, to build a national system. Firstly, the employment information service network should optimize the employment service system in an all-round way; fourthly, we should actively develop new industries and new formats and give full play to the employment creation ability of the digital economy.

Keywords: Digital Economy; Employment Market; Employment System

G.8 The Development of Non-standard Employment and Its Impact on Labor Relations in China *Wang Yongjie* / 153

Abstract: The growth of non-standard employment (NSE) on the global scale has drawn much attention and discussions. Given the size and industrial distribution of NSE in China, measures should be taken to adapt to and regulate the grouth of NSE in China. This requires improving the flexibility, inclusiveness and coverage of relevant policy protection, and incorporating non-standard labor relations into the scope of labor relations mediation. As for the identification of labor relations, we should adapt to the development of non-standard employment and non-standard labor relations, actively explore the construction of a new labor market system based on the principles of inclusiveness, flexibility and high coverage, and strengthen the construction of relevant legal systems, evaluation and monitoring of employment quality, publicity and organizational construction.

Keywords: Standard Employment; Non-standard Employment and Labor Relations

G. 9 A Feasible Policy Tool to Deal with the New Technological Revolution: National Basic Income

Cheng Jie, *Zhang Xuemei* / 168

Abstract: UBI has gone through hundreds of years from concept and reality, and has accumulated rich experience in some international experiments in the past decades. China's leading role in the new technological revolution and the extensive application of new technologies provide favorable conditions for the UBI test, while the current social protection system is not perfect, especially the coverage and targeting rate, which has become the driving force of the UBI test. Socialist system with Chinese characteristics also naturally provides a unique guarantee for the development of UBI. In the long run, the main problem of UBI's development in China is financing and management, and technical factors will not be the main constraints. Financing is the primary challenge. According to the estimate of 4300 yuan per person per year according to the national average minimum living standard in rural areas in 2017, the total capital input of UBI in that year needs to reach 6 trillion yuan, equivalent to 7.3% of GDP in that year. In the short run, it is difficult to achieve this input intensity, but we can consider starting at a low level with the development of national economy. Improvement and gradual adjustment. Financing channels can also be diversified, at least considering the following three channels: first, direct financial allocation; second, transfer of income from state-owned enterprises; third, donations from enterprises and social organizations with a sense of social responsibility.

Keywords: New Technology Revolutionary Policy Tool of National Basic Income

皮书起源

“皮书”起源于十七、十八世纪的英国，主要指官方或社会组织正式发表的重要文件或报告，多以“白皮书”命名。在中国，“皮书”这一概念被社会广泛接受，并被成功运作、发展成为一种全新的出版形态，则源于中国社会科学院社会科学文献出版社。

皮书定义

皮书是对中国与世界发展状况和热点问题进行年度监测，以专业的角度、专家的视野和实证研究方法，针对某一领域或区域现状与发展态势展开分析和预测，具备原创性、实证性、专业性、连续性、前沿性、时效性等特点的公开出版物，由一系列权威研究报告组成。

皮书作者

皮书系列的作者以中国社会科学院、著名高校、地方社会科学院的研究人员为主，多为国内一流研究机构的权威专家学者，他们的看法和观点代表了学界对中国与世界的现实和未来最高水平的解读与分析。

皮书荣誉

皮书系列已成为社会科学文献出版社的著名图书品牌和中国社会科学院的知名学术品牌。2016 年，皮书系列正式列入“十三五”国家重点出版规划项目；2013~2018 年，重点皮书列入中国社会科学院承担的国家哲学社会科学创新工程项目；2018 年，59 种院外皮书使用“中国社会科学院创新工程学术出版项目”标识。

中国皮书网

（网址：www.pishu.cn）

发布皮书研创资讯，传播皮书精彩内容
引领皮书出版潮流，打造皮书服务平台

栏目设置

关于皮书：何谓皮书、皮书分类、皮书大事记、皮书荣誉、
皮书出版第一人、皮书编辑部

最新资讯：通知公告、新闻动态、媒体聚焦、网站专题、视频直播、下载专区

皮书研创：皮书规范、皮书选题、皮书出版、皮书研究、研创团队

皮书评奖评价：指标体系、皮书评价、皮书评奖

互动专区：皮书说、社科数托邦、皮书微博、留言板

所获荣誉

2008 年、2011 年，中国皮书网均在全国新闻出版业网站荣誉评选中获得“最具商业价值网站”称号；

2012 年,获得“出版业网站百强”称号。

网库合一

2014 年，中国皮书网与皮书数据库端口合一，实现资源共享。

S 基本子库
UB DATABASE

中国社会发展数据库（下设 12 个子库）

全面整合国内外中国社会发展研究成果，汇聚独家统计数据、深度分析报告，涉及社会、人口、政治、教育、法律等 12 个领域，为了解中国社会发展动态、跟踪社会核心热点、分析社会发展趋势提供一站式资源搜索和数据分析与挖掘服务。

中国经济发展数据库（下设 12 个子库）

基于"皮书系列"中涉及中国经济发展的研究资料构建，内容涵盖宏观经济、农业经济、工业经济、产业经济等 12 个重点经济领域，为实时掌控经济运行态势、把握经济发展规律、洞察经济形势、进行经济决策提供参考和依据。

中国行业发展数据库（下设 17 个子库）

以中国国民经济行业分类为依据，覆盖金融业、旅游、医疗卫生、交通运输、能源矿产等 100 多个行业，跟踪分析国民经济相关行业市场运行状况和政策导向，汇集行业发展前沿资讯，为投资、从业及各种经济决策提供理论基础和实践指导。

中国区域发展数据库（下设 6 个子库）

对中国特定区域内的经济、社会、文化等领域现状与发展情况进行深度分析和预测，研究层级至县及县以下行政区，涉及地区、区域经济体、城市、农村等不同维度。为地方经济社会宏观态势研究、发展经验研究、案例分析提供数据服务。

中国文化传媒数据库（下设 18 个子库）

汇聚文化传媒领域专家观点、热点资讯，梳理国内外中国文化发展相关学术研究成果、一手统计数据，涵盖文化产业、新闻传播、电影娱乐、文学艺术、群众文化等 18 个重点研究领域。为文化传媒研究提供相关数据、研究报告和综合分析服务。

世界经济与国际关系数据库（下设 6 个子库）

立足"皮书系列"世界经济、国际关系相关学术资源，整合世界经济、国际政治、世界文化与科技、全球性问题、国际组织与国际法、区域研究 6 大领域研究成果，为世界经济与国际关系研究提供全方位数据分析，为决策和形势研判提供参考。

法律声明